KB201357

Love in the time of Covid

코로나
시대의
사랑

Love
in the
time of
Covid

류광호 지음

흔흔

경리단길을 향해 걸으며 나는 그녀의 옆얼굴을 바라보았다.
마스크로 절반 넘게 가려져 있었지만 아름다웠다.
그녀의 얼굴에는 어떤 독특한 생동감이 있었다.
표정이 풍부하다는 말로는 부족한 생동감.
그것은 자기주장이 확실한 사람에게서 관찰되는 적극성,
도전적인 눈빛 같은 거였다.

목차

Love in the time of Covid

오늘로 회사를 그만둔 지 3주째다. 코로나19로 일감이 줄어든 탓도 있지만 그렇지 않았더라도 길게 다닐 회사는 아니었다. 회사를 그만두고 빈둥거리다 내가 시작한 건 독서모임이었다. 나는 예전부터 그걸 해보고 싶었었다. 회사에서 바보 같은 꼰대들과 야근을 해야만 하는 저녁마다 나는 생각했다. 언젠가는 이 지긋지긋한 곳에서 탈출해 지금 같은 저녁 시간에 진행되는 독서모임에 참석할 거라고.

왜 하필 독서모임이냐고 묻고 싶은 사람이 있을지도 모르겠다. 이유는 많다. 그 중에서도 가장 중요한 이유는 그것을 통해 여자를 만날 수 있다는 거다. 나는 언젠가 인터넷에서 보았던 기사를 잊지 않고 있다. 그 기사 중간에는 이런 문장이 있었다. "독서모임의 참여자 중 여성의 비율은 압도적으로 높다." 이것은 중요한 정보다. 왜냐하면 나는 여자에게 관심이 많기 때문이다. 여자, 그중에서도 나는 자기 생각이 있는 여자에게 관심이 많다. 독서모임까지 찾아다니는 여자라면 자기 생각이 있을 가능성이 높다고 하겠다. 물론 그렇지 않을 수도 있겠지만.

내가 세상에서 가장 이해하지 못하는 게 무엇인지 아는가? 그것은 여성혐오다. 어떻게 여성을 혐오한단 말인가! 정신이

나가지 않고서야 그런 상태까지 타락할 수는 없다는 게 내 생각이다. 남성혐오라면 어느 정도 이해가 간다. 남자란 족속은 대체로 혐오스러운 측면을 지니고 있으니 말이다. 물론 여성 중에서도 혐오스러운 수준까지 타락하는 이들이 있다. 그러나 그 숫자는 남성에 비해 현저히 적다. 여성은 좀처럼 그 단계까지 타락하지는 않는 것 같다. 대체로 말이다.

남성이 왜 자주 혐오스러운 수준까지 타락하느냐에 대한 내 나름의 대답이 있다. 두 가지 이유 때문이다. 폭력성과 성욕이 그것이다. 수컷들만 모여 있는 집단에 가면 우리는 거의 예외 없이 이 두 가지 본성의 분출을 목격할 수 있다. 서열을 정하기 위한 주먹다짐, 구역질나는 음담패설, 자기보다 약한 자에 대한 괴롭힘, 그밖에 일일이 열거하기 귀찮은 다양한 형태의 저열한 행동들…. 물론 여성들만 모인 집단에서도 그들 나름의 타락상이 펼쳐지리라 생각한다. 그러나 그럼에도 대체로 여성은 남성에 비해 덜 폭력적이고 덜 잔인하며 더 온순하다. 동의하지 않을 사람이 있을지도 모르겠지만 나는 그렇게 생각한다. 이 얘기는 이 정도만 하겠다. 별로 중요한 얘기도 아니니 말이다.

2

내가 참석한 독서모임은 강남의 한 빌딩에서 진행되었다. '내 마음을 읽는 시간'이란 제목의 모임이었는데 말랑말랑한 제목 때문에 여자들이 많이 올 것 같아 참가신청을 했다. 예상은 적중했다. 참여자 8명 중 6명이 여자였으니까. 그 중 일이 있어 참석이 어려울 것 같다고 연락해왔다는 한명 빼고, 5명의 여자들이 왔다. 오래간만에 그렇게 많은 여자들과 둘러앉아 얘기를 나누려니 조금 어색하기도 했다.

코로나19 때문에 모임은 마스크를 착용한 채로 진행되었다. 그러나 대화를 나누며 갈증을 느낀 참여자들이 1인당 한 병씩 제공된 생수를 마실 때면 마스크를 내렸기 때문에 얼굴을 볼 기회는 있었다.

모임의 진행자는 삼십대 초반쯤 되어 보이는 남자였는데 소설을 쓴다고 했다. 출간된 책이 세 권이라는데 하나같이 들어본 적 없는 책이었다. 글 쓴답시고 방구석에만 처박혀 있었는지 얼굴이 허여멀건 했는데 여자들에게 인기가 없지는 않을 타입이었다.

모임은 4주간 네 권의 책을 읽고 매주 목요일 저녁마다 만나 얘기를 나누는 식으로 진행되었다. 참가비는 6만원으로 비싼 편은 아니었다. 첫날은 본격적인 모임 전에 간단히 자기 소개 하는 시간을 가졌는데 나는 회사를 그만뒀다는 얘기는 하지 않았다. 굳이 그런 얘기까지 할 필요는 없을 거라고 생각했기 때문이다. 사람들은 내 얘기를 잘 들어주었다. 나에 대해 더 알고 싶은지 질문을 한 사람도 있었다. 나는 친절하게 대답해주었다. 시작부터 뭔가 좋은 일이 생길 것 같은 예감이 들었다.

모임에 참석한 여자들 중 특별히 내 관심을 끌었던 여자가 하나 있었는데 그녀의 이름은 '지은'이었다. 지은, 흔하면서도 예쁜 이름이다. 나는 언제나 흔하면서도 예쁜 것을 사랑했다. 그녀는 화장품 마케터라고 했다. 화장품 마케터가 정확히 어떤 일을 하는 직업인지는 모르겠지만 화장품을 다루는 일을 해서 그런지 그녀의 외모는 매력적이었다. 하지만 내가 그녀에게 관심을 가진 건 외모 때문이 아니었다. 그녀의 말, 생각, 의견 그리고 이해심 때문이었다. 그녀는 어떤 주제에 대해 자기 생각이 있는 여자였다. 그리고 그 생각은 한쪽으로 쏠리지 않은 것이었다. 편향되지 않은 자기 생각, 우리 시대에 굉장히 희귀한 것이라고 할 수 있지 않을까.

우리는 본격적으로 책에 대한 얘기를 나눴다. 〈전염병의 기록〉이란 제목의 책이었는데 중세 유럽에 페스트가 창궐했을 때 밀라노에 살았던 익명의 수도사가 남긴 일기를 바탕으로 전염병이 인간의 삶에 미치는 영향에 대해 고찰한 책이었다.

우리의 대화는 꽤 흥미로웠다. 먼저 각자가 코로나 시대를 살아가며 느끼는 가장 주된 감정에 대해 나눴는데 그녀는-지은 말이다-답답함이라고 대답했다. 진행자는 답답함이란 감정을 꼽은 이유에 대해 물었고 그녀는 사람들과 자유롭게 만날 수 없어서 답답하다고 했다. 그리고 그런 상황이 언제까지 계속될지, 얼마나 더 기다려야 끝날지 알 수 없어서 답답하다고 했다.

"다른 사람과의 만남이 차단되고 그런 상태가 언제까지 계속될지 알 수 없을 때 우리는 답답함을 느낄 수밖에 없죠. 아마도 코로나 상황에서 저를 포함한 대부분의 사람들이 가장 자주 느끼는 감정이 아닐까 생각해요. 다음 분 얘기해 주시죠."

다음 차례는 통통한 얼굴에 장난기 감도는 눈을 지닌 민진이란 이름의 여자였다.

"화가 나요. 자기 좋을 대로 거리두기도 방역수칙도 지키지 않는 이기적인 사람들한테요."

진행자는 뭐가 즐거운지 쿡쿡거리더니 말했다.

"그렇게 화가 날 때 그런 감정을 어떻게 해소하세요?"

민진은 잠시 생각하더니 대답했다.

"글쎄요… 딱히 해소하는 방법이 있기 보다는 그냥 시간이 흐르면 가라앉는 거 같아요. 그러다 또 화가 나지만. 아, 하나 떠올랐다!" 그렇게 말하며 그녀는 왼손으로 테이블을 가볍게 탁 쳤다. "우리 모임 같은 이런 모임에 참석해서 새로운 사람들과 만나 얘기 나누는 거요. 그게 해소하는 방법인 것 같아요."

"새로운 사람과 만나서 얘기 나누는 거요? 이미 알고 있는 사람보다는?"

"이미 알고 있는 사람이랑 만나는 것도 좋죠. 근데 새로운 누군가와 만난다는 건 설레는 일이잖아요. 거기다 지금은 새로운 사람과 만나기 힘든 시대인데, 그래서 더 그런 것 같아요."

"혹시 우리 모임 말고, 새로운 사람들과 만날 수 있는 또 다른 모임에도 참여하고 계세요?"

"지금은 우리 모임 말고는 없어요. 지난달에 줌으로 하는 독서모임을 했었는데 직접 만나서 하는 것보단 별로더라고요. 두 시간 넘게 모니터 보며 얘기하는 것도 피곤하고. 그래서 이번에 이렇게 만나서 모임 할 수 있어서 너무 좋아요. 인스타에서 모임 광고 보자마자 신청했어요."

"그러셨군요. 감사합니다. 말씀해주신 얘기 들으며 인간은 다른 사람과의 교류 속에서 행복을 느끼는 존재라는 생각을 다시 한 번 하게 되네요. 비대면 만남의 한계에 대해서도 생각하게 되고요. 다음은 예은님 얘기해주시죠."

예은은 고등학생 같아 보이는 앳된 얼굴의 취준생이었는데 무력감을 느낀다고 했다.

"채용 자체가 줄었어요. 뽑아도 경력 있는 사람 위주로 뽑고." 그녀는 한숨을 내쉬며 말했다. "계속 취업이 안 되니까 자존감이 많이 낮아지더라고요. 나는 해도 안 되는 건가? 그런 생각도 들고…. 그런데다 코로나는 언제 끝날지 알 수도 없고….”

진행자가 물었다.

“그런 무력감이 올 때 어떻게 대응하세요?”

“저는, 자요.”

“주무신다고요?”

“네, 한숨 푹 자고 나면 좀 나아지더라고요. 안 그럴 때도 있지만.”

“잠이라는 게 회복을 주는 측면이 있죠.”

“친구들이랑 수다 떨거나 통화하는 것도 방법인데, 취업 성공한 애들이랑 얘기하다보면 저도 모르게 위축되고 질투도 나고 그러더라고요…. 그래서 요즘은 그런 것도 많이 줄었어요.”

“그렇군요. 잘 알겠습니다. 다음은….”

다음은 내 차례였다. 나는 짜증이라고 대답했다. 뉴스를 보고 있으면 짜증나고 밖에 나가면 계속 마스크를 쓰고 있어야 해서 짜증나고 그렇다고 집에만 있자니 답답해서 짜증난다고 했다. 또 앞으로 언제까지 이래야 하나 그런 생각에 짜증난다고 했다.

“그러시군요. 사실 짜증나죠. 가고 싶은 곳도 자유롭게 못 가고 만나고 싶은 사람과도 편하게 못 만나니까. 그렇게 짜증스러운 마음이 들 때 어떻게 대응하세요?”

나는 특별한 대응 방법이 있는 건 아니라고 했다.

"그냥 이렇게 생각하려고 노력해요. 코로나 상황이 없었더라도 나는 짜증을 냈을 것이다. 왜냐하면 인생이란 원래 짜증나는 일들과 함께 진행되는 거니까."

내 말에 공감하는 사람은 없는 것 같았다. 공감 받으려고 한 말도 아니었지만.

다음 차례인 갈색머리 여자는 '불안'을 꼽았다. 코로나19에 감염될지도 모른다는 불안과 지금 일하고 있는 회사가 문을 닫게 될지도 모른다는 불안을 느낀다고 했다. 마지막으로 남은, 얼굴이 작아 마스크가 자꾸만 아래로 내려오는 조그만 여자는 희망을 가지려고 노력한다고 했다. 질문은 "어떤 감정을 느끼는가?"였는데 말이다. 그래도 진행자는 그 점에 대해 지적하지 않았다. 시간이 꽤 많이 지난만큼 빨리 다른 주제로 넘어가려는 것 같았다.

"소은님이 얘기하신 것처럼 희망을 가져야겠죠. 이 상황도 언젠가는 끝날 것이다, 이 터널을 통과하고 나면 밝은 햇살과 마주하게 될 거다. 그런 희망 말이에요. 물론 그 밝은 햇살도 영원하지는 않겠지만."

그때 지은이 물었다.

"그렇게 생각하시는 게 작가님의 대응방법인 거예요?"

진행자는 자신의 대응방법은 따로 있다고 했다.

"그게 뭔데요?"

"지금 여기와 다른 시공간으로 들어가는 거요."

"다른 시공간으로 들어가신다고요?"

"네, 책이나 영화를 통해서."

"아, 무슨 말씀이신지 알겠어요."

"중요한 건 그것이 아주 훌륭해야 한다는 거예요. 읽거나 보는 중에 완전히 몰입해서 현실을 잊어버릴 만큼, 현실에 대한 생각에서 놓여날 만큼. 아쉽게도 그런 정도로 훌륭한 책이나 영화는 흔치 않죠. 분명히 존재하기는 하지만."

"하지만 그것은 일종의 도피 아닐까요?" 내가 말했다. "고통스러운 현실을 잊기 위한 도피."

진행자는 그렇게 볼 수도 있을 거라고 대답했다. 하지만 그런 도피를 통해서 잠시라도 고통스러운 현실에서 벗어나고 또 부가적으로 내면의 성장도 이룬다면 그것은 좋은 일 아니겠느냐고 했다. 나는 대답했다.

"그게 나쁜 일이라는 얘기는 아니에요. 그냥 거기에는 현실도피적인 측면이 있는 것 같다는 생각이 들어 말씀드린 거예요."

"인간은 아주 빈번하게 현실도피를 감행하죠. 책을 읽거나 영화를 보는 것만이 아니라 순간순간 떠오르는 공상을 통해서도."

"때론 그런 현실도피도 필요하겠죠. 하지만 때로는 현실을 직시하는 것도 필요하다고 생각해요. 현실을 직시할 때 해야 될 것과 할 수 있는 것, 할 수 없는 것과 하지 말아야 할 것이 분명해지니까요."

진행자는 동의한다고 말했다. 그러면서 나에게 있어 현실을 직시하는 건 무엇을 의미하느냐고 물었다.

"코로나 상황은 적어도 1년은 더 계속될 거고 그렇다면 그 런 상황에서 나는 무엇을 할 수 있는가, 내가 보유하고 있는 자원은 어느 정도이고 그것을 통해 내가 할 수 있는 일은 무 엇인가, 할 수 있는 다양한 일 중 어떤 것을 선택해야 가장 만 족스러운 결과를 얻을 수 있을까, 이런 것들에 대해 고민하고 고민한 결과 도출된 결론을 실행하는 것, 그런 일련의 과정들 이 저의 현실 직시에요."

"그렇군요. 그렇다면 우리 모임에 참여하신 것도 그런 고민 끝에 내린 결정이신가요?"

나는 그렇다고 대답했다. 진행자는 이번 모임이 특별히 더 유익한 모임이 될 수 있도록 노력해야겠다는 의무감이 든다 고 말했다.

대화는 계속해서 진행되었다. 나는 사람들의 얘기를 들으 며, 틈틈이 지은을 훔쳐보며, 그러다 발언을 요청받으면 한두 마디하며 2시간 반을 꽤 즐겁게 보냈다. 모임을 마치고 방향 이 같은 사람들과 함께 지하철을 타게 되었는데 그중에는 지 은도 있었다. 그녀는 사당에서 내려 4호선으로 갈아탄다고 했다. 나는 사당까지 그녀와 함께할 수 있게 된 것에 기뻤다. 그녀와 나 말고 또 한 사람이 있었지만 고맙게도 교대에서 내 려주었다. 덕분에 나와 그녀는 잠깐이지만 둘이서 얘기를 주 고받을 수 있었다. 나는 말했다. 평일 저녁에 퇴근하고 독서모 임에 참석한다는 게 쉬운 일은 아닌데 대단하다고. 그녀는 나도 마찬가지 아니냐고 물었다. 깜빡했다. 회사를 그만둔 걸 숨긴 걸.

"그렇죠, 그러니까 지은 씨나 저나 참 대단한 것 같아요."

그녀는 내 실없는 소리에 뭐라고 답할까 잠시 고민하더니 "그런가요? 네, 그렇다고 할 수도 있겠네요."하고 말했다.

나는 조금 어색해진 분위기를 바꾸기 위해 무슨 말을 해야 할지 생각했다. 그러나 이런 상황을 경험해본 이라면 이해하겠지만 그게 잘 되지 않았다. 그러는 사이 열차는 다음 역에 도착했다. 이제 두 정거장만 더 가면 그녀는 내려야 했다. 나는 나에게 찾아온 기회를 허망하게 날려버릴 수는 없다고 생각했다. 그래서 말했다.

"주말엔 주로 뭐하세요?"

"주말에요?"

그녀는 갑자기 의외의 질문을 받은 사람 특유의 얼굴로 떠듬떠듬 대답했다.

"주말엔… 주로… 음… 친구들을 만나거나 영화도 보고 쇼핑도 하고 그래요. 근데 요즘은 코로나 때문에 사람들 많은 데 가기도 그렇고 해서 집에서 책 보거나 인터넷 하면서 쉴 때가 많은 것 같아요. 준오씨는요?"

"저도 주로 집에 있어요. 집에서 책도 보고 영화도 보고 요리도 해먹고 하죠. 날씨 좋으면 잠깐 공원에 가서 산책을 하기도 하고요."

그녀는 그러냐며 고개를 끄덕였다. 계속해서 무슨 말을 이어가야 할지 떠오르지 않았다. 젠장, 왜 갑자기 주말에 뭘 하느냐고 물었던 걸까?

어쩌면 이 말을 하고 싶어서였는지도 모른다.

"주말에 시간 괜찮으면 점심이라도 한번 같이 먹는 거 어때요?"

물론 그런 말을 꺼내기엔 우리 사이의 친밀도가 아직 그리 높지 않았다. 따라서 그 말을 꺼낼 수는 없었다. 그 말을 꺼낼 수 없다는 사실이 다른 말도 꺼내기 힘들게 만드는 것 같았다. 그러나 무슨 말이든 꺼내야 했다. 그녀는 곧 내려야 했고 그 전에 그녀와 무슨 말이든 더 주고받고 싶었으니까.

"보통 몇 시에 주무세요?"

또다시 맥락 없는 질문이 입 밖으로 나왔다.

"글쎄요, 12시쯤 자는 것 같은데요."

"그렇군요."

어색한 침묵이 이어졌다. 열차가 사당역에 도착했다.

"저는 여기서 내릴게요. 조심히 들어가세요."

"네, 조심해서 들어가시고 다음 주에 봐요."

그녀가 내리고 나자 왜 더 재밌게 대화를 이끌어가지 못했을까 하는 후회가 밀려왔다. 하지만 이미 벌어진 일이고 되돌릴 수는 없었다. 다음 주에 다시 만났을 때 만회할 수 있도록 하는 게 중요할 것이다.

3

내 방은 조그맣고 초라하며 궁색 맞은 공간이다. 그러나 그런 것은 나에게 아무런 문제도 되지 않는다. 어떤 한 인간의 존재 가치는 그가 소유한 물질과 점유한 공간에 의해 좌우되는 것이 아니니까.

그렇지만 화장실이 너무 좁고 수압이 약한 건 분명 짜증나는 일이다. 얼마나 약하냐면 윗집이 물을 틀면 샤워기의 레버를 최대한 올려도 물이 졸졸졸 나온다. 이런 가느다란 물줄기로 샤워를 하자면 정말이지 욕이 나온다. 어서 빨리 더 나은 곳으로 이사를 가야 할 텐데 마음처럼 쉽지가 않다.

그래도 이곳에 살면서 만족하는 것은 어느 누구의 간섭도 받지 않고 원하는 대로 할 수 있다는 것이다. 부모님과 같이 살 때는 그렇지 못했다. 거기서는 끊임없는 잔소리가 일상이었다. 방청소 좀 해라, 샤워를 하고 나면 화장실 바닥의 물기를 제거하고 나와라, 음식물 쓰레기 좀 갖다버려라 등등.

남자는 성인이 되면 독립하는 게 맞다. 그렇지 않을 경우 필연적으로 부모와의 자잘한 충돌이 발생할 수밖에 없기 때문이다. 부모는 같이 사는 성인 아들을 성인 남자로 대우하는 데 어려움을 느낀다. 그것은 그들만의 잘못은 아니다. 어느 정도는, 인간이란 존재가 그렇게 만들어졌다고 해야 할 것이다.

그러나 아들이 독립해 나가서 살게 된다면 그는 부모로부터 정당한 대우를 받게 된다. 아무리 자식이라도 한 달에 한 번 보게 되면 함부로 할 수 없는 거리감이 생기기 때문이다. 그래서 나는 굳이 그럴 필요가 없는데도-부모님의 집은 노원에 있고 내 원룸은 금천에 있다-적지 않은 월세를 내며 이곳에서 살고 있는 것이다. 간섭과 부적절한 대우로부터 자유를 얻기 위해.

그러나 그런 자유에 대한 대가는 분명히 있다. 월세나 전기세, 수도요금 같은 것을 말하는 게 아니다. 내가 말하고 싶은 건 외로움이다. 혼자 사는 삶은 어쩔 수 없이 외로운 법이니까. 좋든 싫든 누군가와 함께 있을 때는 외로움을 덜 느끼게 된다. (미움과 분노를 느끼느라 외로움을 느낄 겨를이 없는 건지도 모르겠다) 하지만 혼자가 되면 외로움은 가장 가까운 동반자처럼 시시때때로 우리 곁을 맴돌게 된다. 이것 역시 인간이 그렇게 만들어졌기 때문일 것이다. 그렇기에 우리는 누군가를 필요로 한다. 나로 말하자면 사랑할 사람이 필요하다. 친구나 동료 말고 사랑할 사람, 여자 말이다. 정상적인 홀로 있는 성인 남자라면 대부분 나와 같은 필요를 느낄 것이다. 인간은 바로 그러한 필요에 대한 인식을 바탕으로 번식을 이어왔으니까.

그런데 여자를 만나기 위해선 어떤 접점이 필요한데 나에겐 그것이 너무 부족했다. 나는 데이트 어플 같은 건 믿지 않는다. 클럽 같은 데서 만나는 건 더더욱 그렇고.

그렇다면 친구나 선후배를 통한 소개팅 정도가 남는데 문제는 내겐 친구가 별로 없다는 거다. 나는 불필요한 인간관계를 좋아하지 않는다. 그래서 친구가 많지 않다. 어느 정도냐면 내가 정말로 친한 친구라고 생각하는 녀석은 단 한 놈뿐이다. 그런데 6개월 전 그녀석이랑 크게 싸웠다. 별로 중요하지도 않은 문제로 말다툼이 시작됐는데 그러다 급기야는 길바닥에서 주먹다짐을 벌이기 직전까지 갔다. 녀석은 그 후론 내 전화도 받지 않는다. 받기 싫으면 받지 말라지.

그렇게 하나뿐인 친구 녀석과도 관계가 틀어지면서 내 시간이 많아지게 됐다. 그렇게 된 것이 좋은 점도 있었다. 지출을 덜 하고 책을 많이 읽게 되었으니까. 책은 주로 중고서점에서 사서 읽고 다 읽은 다음 다시 팔았다. 그래서 책을 사보는데 거의 돈이 들지 않았다. 영화도 많이 봤다. 가입한 IPTV에서 볼 수 있는 무료영화들로. 생각보다 볼 게 많았다. 매달 10편에서 15편 정도의 새로운 무료 영화들이 제공되었는데 퇴근 후 그리고 주말에 그 중 흥미를 끄는 것을 골라보는 재미가 쏠쏠했다.

하지만 그렇게 몇 달이 흐르고 나자 그것도 이내 지루해졌다. 아니 지루해졌다기보다는 그것들이 지닌 한계를 깨달았다고 하는 게 정확하리라. 책과 영화가 아무리 재미있더라도 살아있는 사람과 함께 하는 즐거움, 살아있는 사람과 대화를 주고받는 기쁨, 살아있는 사람의 변화무쌍한 현존을 체험하는 것에 비한다면 아무것도 아니라는 걸 깨달았다는 말이다.

그런 깨달음을 얻는 데는 코로나19도 한몫했다. 원래도 나가서 만날 사람이 없었지만 있더라도 그럴 수 없는 상황이 계속되었으니까. 그런데 어떤 면에서 인간에겐 이런 시간도 필요한 것 같다는 생각이 든다. 좋다는 게 아니라 필요한 것 같다는 말이다. 왜냐고? 인간이란 자신에게 당연하게 주어진 것들이 실은 아주 소중한 것이라는 걸 깨닫게 해줄 사건이 주기적으로 필요한 존재니까. 왜 인간은 어떤 것이 자신에게 허락되었을 때 그것의 귀중함을 잘 느끼지 못하는 걸까? 인간의 탁월한 적응력 때문일 것이다. 아무리 대단한 것도 곧 익숙해지고 별 것 아닌 걸로 느끼게 만드는 적응력 말이다.

그건 그렇고 결론적으로 내가 하고 싶은 말은 이거다. 나는 살아있는 사람과의 교류를 원한다. 그냥 살아있기만 한 아무나가 아니라 내가 매력을 느끼는 대상과 말이다. 오늘의 모임을 통해 그런 나의 갈망이 이루어질 가능성이 출현했다. 나는 노력을 기울여 그 가능성이 현실이 되도록 할 생각이다. 반드시 그렇게 할 거다.

4

나는 페미니스트라면 딱 질색이다. 내가 그 여자를 탐탁지 않게 생각하는 건 그 여자가 말끝마다 페미니즘적인 발언을 하기 때문이다.

그 여자의 이름은 민아였다. 박송민아. 한편의 코미디 같은 이름이라는 생각이 들지 않는가? 그 여자가 결혼해서 아들을 낳는다면 최박송민우라고 불러야 할까? 아마도 그렇게 부르지는 않을 것이다. 너무 길고 이상하니까.

그러나 어쩌면 그렇게 부를지도 모를 일이다. 뭐 끝까지 그렇게 부르겠다고 고집한다면 하게 해주는 것도 방법이리라. 단, 다른 사람들에게까지 그렇게 하라고 강요하지는 않는다는 선에서 말이다.

그날 우리가 이야기 나눈 책은 기욤 투르니에의 〈어떤 여자〉였다. 왜 이런 구닥다리 같은 걸 읽을 책으로 정했는지 알 수 없지만 덕분에 페미니스트의 분노에 찬 외침을 질리도록 들을 수 있었다. 뭐 그것도 나쁘지만은 않았다. 어떤 말이든 계속해서 듣다보면 거기서 나름의 즐거움을 찾을 수 있는 법이니까.

그런데 그렇게 한참 오가는 얘기를 듣던 중 갑자기 이런 생각이 들었다. 왜 인간은 남자와 여자, 좌파와 우파, 부자와 가

난한자 따위로 나뉘어 서로 증오해야만 하는 걸까? 내가 보기에 그것은 그렇게 서로를 증오하는 데 어떤 재미가 있기 때문인 것 같다. 재미 말이다. 그런 생각이 든 순간 이런 말이 입 밖으로 나왔다.

"그런데 말이에요, 지금 하신 얘기 중에 조금 이해가 안 되는 게 있어서 묻고 싶은데 괜찮을까요?"

페미니스트는 내 갑작스러운 질문에 잠시 움찔하더니 말하라고 했다.

"말씀하신대로 남성과 여성은 평등한 존재라고 생각합니다. 하지만 저는, 그래서 남성과 여성을 기계적으로 무조건 똑같이 대우해야 한다고는 생각하지 않습니다. 남성과 여성은 평등하지만 다른 존재니까요."

"다르다는 게 어떻게 다르단 거죠?"

"예를 들어 남성은 여성보다 신체적으로 강합니다. 그에서 비롯된 결과로 막노동 같은 일은 거의 전적으로 남성이 담당하고 있지요. 반대로 남성은 신체구조상 임신을 할 수 없습니다. 임신과 출산을 여성이 담당할 수밖에 없는 이유죠. 이런 남녀 간의 차이의 예는 얼마든지 들 수 있습니다. 왜 대다수의 간호사가 여성일까요? 또 왜 대다수의 유치원교사는 여성일까요? 물론 임금 같은 것도 영향이 있었겠죠. 그러나 그보다 더 본질적인 이유는 여성이 남성보다 돌봄 노동을 훨씬 더 잘 수행한다는 데 있습니다. 그러니까 그런 일은 일반적으로 여성이 남성보다 훨씬 잘한다는 거죠. 물론 남성 중에서도 그런 일을 잘 하는 사람이 있을 수 있습니다. 그런 사람은 자신에게 맞는 일을 할 권리가 있고요. 그러나 전체적으로 보았을 때 그런 일은 여성에게 더 적합할 겁니다. 탄광에서 채탄작업을 하는 게 남성에게 더 적합하듯 말이죠."

"남성이 유치원교사가 되려고 하지 않는 건 연봉이 낮기 때문이에요." 페미니스트가 다소 흥분한 얼굴로 말했다. "남자와 여자의 성적인 차이 때문이 아니라."

"그렇다면 남성 간호사는 왜 그렇게 적은 거죠? 간호사는 연봉이 꽤 높은 걸로 알고 있는데."

"남성 간호사에 대한 사회적 인식이 아직 제대로 정립되지 않았기 때문이죠. 그것이 제대로 정립된다면 남성 간호사는 지금보다 훨씬 더 늘어날 거예요. 현재도 늘어나고 있는 중이지만."

"제가 말하고 싶은 건 남성과 여성이 '다른 점'이 있다는 겁니다. 그 다른 점을 존중하고 그것에 기반해서 남성과 여성을 생각해야지, 무조건 남성과 여성을 똑같이 보는 것은 바람직하지 않다는 거죠."

"제가 언제 남성과 여성을 무조건 똑같이 보자고 했나요? 저는 그런 얘기를 한 적이 없어요. 제가 말한 건 유사 이래로 계속해서 여성이 남성에게 억압당하고 착취당했다는 것, 가부장 이데올로기의 영향 아래서 여성에게 요구되는 행동양식이 있었으며 그것이 남성의 기득권을 유지하는 데 긍정적으로 작용했다는 거였어요."

"그럼 한 가지 묻죠. 남성과 여성이-"

그때 우리의 언쟁을 보다 못한 진행자가 끼어들며 말했다.

"잠시만요, 두 분 얘기하시는 중에 죄송한데, 그 주제에 대해서는 시간 관계상 이 정도만 하고 다음에 기회가 있을 때 더 이야기 나누기로 하죠. 예은님이 주신 질문에 대해서도 얘기를 나눠야 하니까요."

나는 그 말을 따르려고 했다. 그런데 페미니스트가 말했다.

"한 가지만 묻겠다고 하셨는데 그것만 들어보고 다음 질문으로 넘어가죠."

진행자는 잠시 고민하더니 그럼 짧게 말해달라고 했다.

"좋습니다. 짧게 말하죠. 저는 남성과 여성을 착취, 피착취 관계로 보는 것부터가 잘못되었다고 생각합니다. 실제로 그런 측면이 있다 하더라도 말입니다. 왜 아이를 낳고 육아를 하는 게 희생하는 거라고 생각합니까? 그것은 기쁜 일 아닐까요? 물론 힘든 순간도 있겠죠. 하지만 어쩌면 그것이 인생에서 가장 즐거운 일 아니겠냐는 겁니다."

"한국 사회에서 아이를 낳고 기르는 것이 여성에게 어떤 희생을 의미하는지 전혀 모르시는군요! 임신한 순간부터-"

나는 그 여자의 말을 끊고 말했다.

"네, 알고 있습니다. 무슨 얘기하시려는지 말입니다. 임신한 순간부터 회사에서 눈치주고 눈칫밥 먹으며 간신히 출산에 성공하더라도 이후에 복직이 쉽지 않고 운 좋게 복직이 된다 해도 육아 때문에 일에 집중할 수 없고 그런 상황에서 남편은 육아를 도와주지도 않고, 그런 일들이 기다리고 있겠죠. 하지만 묻고 싶습니다. 유사 이래로 여성의 출산과 육아가 쉬웠던 적이 있을까요? 지금으로부터 90년 전만 해도 아이를 낳다 죽는 여자가 부지기수였습니다. 간신히 출산을 마치고 회복하더라도 수많은 집안일이 기다리고 있었고요. 아이 기저귀 빠는 일만 생각해봐도 한겨울엔 개울가로 가서 얼음을 깨고 빨아야 했습니다. 삼시세끼 밥하는 건 또 어떻고요? 가스레인지도 전기밥솥도 냉장고도 없던 시대입니다. 말 그대로 밥하고 설거지 하다 하루가 끝났죠. 이건 아주 먼 옛날의 이야기가 아닙니다. 우리의 할아버지, 할머니가 경험했던 일들이죠. 심지어 21세기에 들어선 지금도 아프리카나 아시아의 어느 곳에선 그와 별반 다르지 않은 일이 계속되고 있고요. 오늘날 한국 사회에서 여성이 감당해야 할 출산과 양육이 아무리 어렵다고 해도 지금까지 수천 년간 지구상에서 살다 갔던 대부분의 여성들의 그것보단 낫지 않을까요? 객관적으로 따져봤을 때 그렇지 않겠느냔 말입니다."

조금은 놀라웠다. 그 여자가 내 긴 얘기를 끊지 않고 다 들어준 게. 그리고 새삼 깨달았다. 역시 말은 논쟁 상태에 들어갔을 때 잘 나온다는 걸.

곧 그 여자가 다시 목소리를 높이며 말하기 시작했다.

"먼 과거의 일과 현재 지구상에서 가장 빈곤한 지역의 여성들이 겪고 있는 일이 과연 지금 우리 사회의 여성들에게 비교 기준으로 적절하다고 생각하시나요? 천만의 말씀! 지금은

21세기고 여기는 대한민국이에요. 지금이라는 시간과 여기라는 공간에 맞는 비교기준을 들이대야지 전혀 의미 없는 옛날 옛적의 사례들로 논점을 흐트러트리지 마세요!"

나는 다시 한마디 하려고 했다. 그런데 이번에도 진행자가 -작심한 얼굴로-끼어들었다.

"자, 좋습니다. 여기까지 하는 걸로 하시죠! 다른 분들에게도 발언할 기회를 드려야 하니까요."

나는 가볍게 고개를 끄덕여 동의를 표했다. 그 여자는 그런 나의 행동이 패배를 인정하는 것으로 느껴졌는지 더는 논쟁을 지속시키지 않았다. 그 정도로 우리의 격돌은 마무리되었다. 그러나 그 여파로 모임의 분위기는 상당히 어색해져 있었다. 진행자는 그런 분위기를 수습하려고 여러 가지 고육지책을 동원했는데 덕분에 모임이 끝날 때쯤엔 어느 정도 화기애애한 분위기를 회복할 수 있었다. 모임을 마치고 건물 밖으로 나오는데 등 뒤에서 그 여자가 말했다.

"혹시 아까 기분 나쁘셨다면 사과할게요. 서로 생각이 다를 수도 있는 건데 제가 좀 과민 반응한 것 같아서요."

나는 아니라고 괜찮다고 했다. 그 여자는 더는 뭐라고 하지 않고 인사한 후 제 갈 길을 갔다.

나는 지은과 또 다른 참여자 한 명과 함께 강남역을 향해 걸으며 이런저런 생각을 했다. 나를 제외한 둘은 웃으며 오늘 모임에서 나왔던 발언들에 대해 얘기했는데 (2주 만에 꽤 친해진 것 같았다) 그저 그런 시시한 잡담이었다. 우리는 곧 지하철을 탔고 이내 그녀와 나는 단 둘이 함께 할 수 있게 되었다. 나는 그녀에게 말했다.

"만약 코로나가 내일 종식된다면 제일 먼저 무슨 일을 하고 싶으세요?"

며칠 간 고민해서 만들어낸 질문이었다. 좀 갑작스러울 수도 있겠지만 이 질문을 통해 획득할 수 있는 정보가 많았기에 고심 끝에 준비한 것이다.

그녀는 뭐라고 대답할까 잠시 고민하더니 이내 무슨 생각이 떠오른 듯 나를 바라보며 말했다.

"여행을 다녀오고 싶어요. 짧게라도. 2박 3일로."

"어디로요?"

"일본이요. 료칸에서 머물며 온천도 하고 여유롭게 주변도 돌아보고."

"일본을 좋아하시나 봐요?"

"작년 여름에 갔었는데 좋았어요."

이야기가 술술 잘 풀리는 느낌이었다. 이대로만 잘 끌고 간다면 그녀에게 좋은 인상을 남긴 채 헤어질 수 있을 것 같았다.

"그러셨군요. 일본 어디 다녀오셨는데요?"

"벳부 온천마을이요."

대답하는 그녀의 얼굴이 웃음으로 밝아졌다. 마스크로 얼굴의 절반을 가리고 있었지만 나는 그것을 알 수 있었다.

"저도 한번 가보고 싶네요."

"다음에, 아니 코로나 끝나면 한번 다녀오세요. 후회하지 않으실 거예요."

"료칸에서 묵으셨어요?"

"네, 벳부역에서 택시 타고 10분 정도만 가면 있는 덴데 정말 좋았어요."

"다다미 깔린 방에서 주무신 거예요?"

"네, 저는 다다미 냄새가 좋더라고요."

갑자기 머릿속에서 그녀와 함께 일본여행을 가 료칸에 들어서는 장면이 그려졌다.

"다음에 꼭 한번 가봐야겠네요. 사랑하는 사람과 함께."

"네, 가족이랑 같이 가시면 좋을 거예요."

"가족도 좋겠지만, 그보다는 여자친구랑 가고 싶네요. 여자친구가 없는 게 문제지만…. 지은 씨는 남자친구 있으세요?"

방금 전까지 즐겁게 재잘대던 그녀가 뭐랄까 조금 불편한 얼굴로 "아니요."하고 대답했다.

"그러시군요…." 무슨 말인가를 하려고 했는데 그게 뭐였는지 떠오르지 않았다. "음……."

어색한 침묵이 이어졌다. 다음 정차 역은 사당이라는 안내 방송이 들려왔다.

"준오씨는 여행 갔던 곳 중 어디가 제일 좋았어요?"

그녀가 어색함을 깨기 위해 물었다. 나는 잠시 생각한 후 인스브루크라고 대답했다. 3년 전 유럽 패키지여행을 갔을 때 잠깐 들른 도시였는데 왠지 거기를 얘기하면 있어 보일 것 같아서였다.

"인스브루크? 어디에 있는 곳이에요? 유럽?"

"네, 오스트리아요."

"아, 그렇구나. 인스브루크가 어떤 점에서 좋았어요?"

"어… 경치가 아주 좋았어요. 알프스 밑에 있어서."

"그렇구나. 다음에 기회가 된다면 한번 가보고 싶네요."

그런 얘기를 주고받는 사이 열차는 사당역으로 들어섰다. 그녀는 지난번처럼 조심해서 들어가라고 인사한 후 등을 돌려 열차에서 내렸다. 열차는 곧 다시 출발했고 나는 조금 전 그녀와 나눴던 대화에 대해 생각해보았다. 일본여행 얘기를 할 때까지는 괜찮았는데 남자친구가 있느냐는 물음에 분위기가 조금 어색해졌던 것 같다. 왜 그랬을까? 최근에 남자친구와 헤어지기라도 했나? 알 수 없는 일이지만 어쨌든 수확은 있었다. 그녀가 남자친구가 없다는 사실을 알게 되었으니 말이다.

빨리 한 주가 지나 다시 그녀와 만날 수 있었으면 좋겠다. 그녀도 나와 같은 생각이라면 얼마나 좋을까.

5

　나는 사교적인 인간은 아니다. 하지만 그런 나도 코로나19로 몇 달째 계속되고 있는 사회적 거리두기에는 진절머리가 난다. 타인과 만나 이야기를 주고받는 일상이 박탈됐을 때 내가 이렇게 무기력해질 줄은 몰랐다. 적어도 그런 면에선 이 전염병이 나 자신에 대해 더 알아가는 데 기여했다고 할 수 있으리라.

　요즘 계속 드는 생각은 '코로나19가 진짜로 지금 모두가 공포를 느끼고 있는 수준의 치명적인 질병일까?'이다. 혹시 이 질병의 위험성은 부풀려진 것이 아닐까? 우리는 감기, 조금 심한 새로운 감기를 마치 페스트나 천연두 같은 치명적인 전염병으로 오인하고 있는 것은 아닐까? 국내 코로나19 환자의 40퍼센트가 무증상이라는 기사를 어디선가 보았다. 10명 중 4명은 걸려도 별다른 증상 없이 지나간다는 소리다. 그래도 고령층과 기저질환이 있는 사람들에게는 치명적일 수 있다는 게 문제인데, 바로 그 이유 때문에 모두가 마스크를 쓰고 거리두기를 할 수밖에 없다고 결론을 내린 것 같다. 그 방법이 최선의 대응책이라는 데는 동의한다. 그러나 과연 언제까지 그렇게 모든 사람이 다른 모든 사람과 거리를 두며 살아갈 수 있을까? 인간이 그것을 계속해서 감내할 수 있는 동물일까?

어쩌면 우리의 대응방식에 문제가 있는 것은 아닐까? 훗날 출간될 역사책에서 21세기 전반기에 전 지구적으로 유행한 코로나19에 대한 각국의 대응방식을 두고 지나친 공포로 인한 과도한 사회통제의 전형적인 사례로 소개하게 되는 것은 아닐까?

그러나 어쨌든 현재로선 거리두기 외엔 뚜렷한 대안이 보이지 않는다는 게 결론인 것 같다. 백신이 나올 때까지는 말이다. 그러나 백신이 나온다고 해서 그것으로 코로나19를 완전히 퇴치할 수 있을까? 이 역시도 쉽지 않을 거라는 게 전문가들의 중론인 것 같다. 코로나바이러스가 계속해서 변이를 일으키기 때문이다. 매년 독감 예방접종이 이루어져도 독감이 완전히 사라지지 않는 것도 같은 이유다. 백신을 통한 집단면역 형성으로 독감 바이러스를 완전히 퇴치할 수 있었다면 독감은 이미 한참 전에 사라졌을 것이다. 물론 그런 일은 일어나지 않았다. 아마 앞으로도 일어나지 않을 것이다. 따라서 코로나19도 앞으로 계속 존재할 가능성이 높다. 그것에 대한 사람들의 통제력은 늘어나고 공포심은 줄어들게 되겠지만 말이다.

생필품을 사러 가거나 산책 겸 운동을 하러 나가는 걸 제외하곤 계속 집에만 틀어박혀 있다 보니 이런저런 잡생각들을 많이 하게 된다. 그중 하나가 예전에 부모님 집에서 살 때 있었던 일들에 대한 회상이다. 그날은 공휴일이었는데 그래서 나는 아버지와 함께 집에서 점심을 먹었었다. 그러다 우연히 아버지 명의로 된 통장에 들어있는 돈 얘기가 나왔는데, 아버지는 자신이 보유한 예금액이 정확히 얼마인지 파악하고 있지 못하신 것 같았다. 입출금통장에 얼마, 정기예금은 얼마, 적금은 얼마, 주거래 은행이 아닌 다른 은행의 통장들에는 얼마, 이런 걸 아주 불분명하게 파악하고 계셨다. 그런 재정적인 부주의함에 어이가 없어 가지고 계신 예금이 정확히 얼마인 거냐고 물었다. 그러자 아버지는 갑자기 짜증을 내며 그것에 대해선 신경 쓰지 말라고 했다. 신경 쓰지 말라고? 그 말에 나는 기분이 확 상했다.

"아버지는 항상 그랬어요. 돈에 대해 너무 무지하셨다고요. 자기 통장에 돈이 얼마나 들었는지 모르는 게 정상적인 거라고 생각하세요? 내가 어느 정도의 돈을 가지고 있고 그 중 얼마가 여유 자금인지를 알아야 그 돈으로 투자도 할 수 있고 한 건데 그런 것에 너무 무지하셨다고요. 지금 아버지 얘기를 종합해보면 이 통장 저 통장 다 합쳐서 대략 2,000만원, 아니면 2,500만원 정도 있다는 거 아니에요. 그 돈을 그렇게 통장에 넣어두면 은행이자가 얼만지 아세요? 지금 기준금리가 1퍼센트도 안 돼요, 2,000만원을 1년 동안 은행에 넣어둬도 이자가 20만원도 안 나온다고요. 그런데 2,000만원 중 250만원만 가지고 주식투자를 해도 그보다 몇 배는 더 벌 수 있어요. 삼성, LG 같은 망할 위험 거의 없는 회사 주식 사놓고 한 달이나 두 달 뒤에 가격 오르면 되파는 방식으로 해도요. 근데 그런 투자를 하려면 나에게 돈이 얼마나 있나, 여유자금으로 사용해도 되는 돈이 얼마인가를 알고 있어야 하는데 아버지는 그런 걸 정확히 모르고 계시잖아요. 내 여유자금이 얼마인지를 모르는데 투자를 할 수 있겠어요? 당연히 못 하죠. 그래서 여태까지 못 하셨던 거고요. 제가 뭐 아버지 통장에 들어있는 돈 파악해서 달라고 그러려는 건줄 아세요? 신경 쓰지 말라고요? 아버지는 가끔 그 말을 하시는데 그 말이 얼마나 사람을 기분 나쁘게 만드는지 아세요?"

내 말에 아버지는 그럼 처음부터 그런 의도로 말을 한 거라고 했어야지 왜 다짜고짜 통장에 있는 돈이 정확히 얼마냐고 쏘아붙이듯 말했느냐고 했다. 그거야 내가 처음부터 투자에 대한 얘기를 하려고 했던 게 아니라 갑자기 나온 통장 얘기에 그전부터 생각하고 있던 투자가 떠올랐으니 그런 거 아닌가. 그러나 그런 말까지 할 수는 없었다. 그래서 그냥 내가 한 말 때문에 기분 나쁘셨다면 죄송하다고 했다. 그 얘기는 그 정도에서 끝났다. 그러나 아버지는 그 이후에도 자신의 통장에 얼마가 들어있는지, 그리고 그것으로 어떤 투자를 하면 좋을지에 대해서 나와 상의하지 않았다. 인간이란 쉽게 바뀌지 않는 법이다. 아마도 아버지는 자신의 통장들에 들어있는 돈이 정확히 얼마인지 아직도 모르고 계실 것이다.

나는 아버지의 그런 성향, 돈에 대해서 무지한 그런 성향을 이어받지 않을 작정이다. 그러니까 나는 돈을, 충분한 돈을 획득하는 데 현명한 노력을 멈추지 않을 거다. 어떤 사람들은 지금의 청년세대가 지나치게 경제적 이익에 민감하고 민첩하다고 말한다. 갭투자, 주식투자, 비트코인 등의 사례를 열거하면서 말이다. 그렇다. 우리는 돈에 대해 민감한 세대다. 대한민국에서 돈 만큼 확실하게 개인을 지켜주는 건 없기 때문이다. 나는 돈이 많지는 않지만 얼마 전부터 주식 투자를 시작했다. 코로나19 때문에 주가가 떨어졌다 회복중인 삼성전자의 주식 50주를 샀다. (삼성전자보다 훨씬 더 폭락한 대한항공의 주식을 살까 한참 고민했는데 결국 삼성전자로 결정했다) 주당 58,800원에 샀는데 60,000원이 넘는 순간 바로 팔 거다. 그렇게 해봤자 버는 돈은 6만원 남짓이지만 그게 어딘가.

투자금은 조금씩 늘려갈 생각이다. 그러나 어떠한 경우에도 내가 보유한 현금 자산의 20퍼센트는 넘지 않도록 할 거다. 주식은 딱 그 정도만 하면 된다. 그 정도 범위 안에서 조금씩 조금씩 액수를 늘려 갈 거다. 이런 노력을 하는 게 비난 받을 일이라고는 생각하지 않는다. 나는, 그리고 내가 속한 우리 세대는 비난받을 짓을 하지 않았다.

그건 그렇고 벌써 12시다. 한 것도 없는데 시간이 참 빨리 가는 것 같다. 독서모임도 시작한 게 엊그제 같은데 벌써 절반이 끝났다. 다음 주 목요일에 세 번째 모임을 갖고 나면 마지막 모임만 남는 것이다. 참 빠르군…. 근데 다음 모임에서 그녀와 만나면 무슨 얘기를 하지? 그것에 대해 생각해봐야겠다. 잠자면서 계속 생각해봐야겠다.

6

아침을 먹으며 휴대폰으로 뉴스를 훑어보다 마음이 짠해지는 기사를 보았다. 기사의 내용은 이랬다.

서울 4년제 대학 새내기 김정한 씨(19)는 다음 달 해병대에 입대하기로 했다. 첫 학기에 이어 2학기마저 원격 수업이 시행되자 "차라리 군대를 빨리 다녀오자"는 심정으로 군복무를 결심했다. 그는 "원격 수업의 질이 낮고 대학 동기와 선배들도 만나지 못해 답답하다"며 "같은 과 남자 신입생 30% 정도가 나처럼 입대를 생각하고 있다"고 했다.

이런 내용도 있었다.

신종 코로나바이러스 감염증(코로나19)은 학생들의 삶을 바꿔놨다. 올해 대학에 입학한 20학번 새내기는 '3무'(MT · 동아리 · 축제 없음) 대학생활을 보내며 스스로를 '코로나 학번'이라고 자조한다. … 한 사립대에 재학 중인 이민지 씨(20)는 "입학 후 동기와 선배를 만난 적이 거의 없다"고 말했다. 대학생 박정호 씨(20)는 "학교도 학원도 못 가니 작년 수능이 끝나고 10개월가량 집에만 있었다"며 "대학생이 아니고 그냥 백수 같다"고 했다.

대부분 수업은 원격으로 대체되고, 동아리 모임과 MT는 무기한 연기되거나 취소됐다. 경북대에 재학 중인 최재익 씨(19)는 "학기 초 축구와 댄스 동아리에 가입했지만 카톡방에서 인사만 나눴다"며 "지난달 말 동아리 선배들과 만나기로 한 약속도 코로나 재확산으로 물 건너갔다"고 했다. 새내기 성민진 씨(19)는 "3월 입학 후 실제 학교에 가본 적이 없다"며 "시험도 온라인으로 보거나 개인과제와 조별과제도 모두 줌으로 하는데 소통이 너무 불편하다"고 했다.

수업은커녕 사람 사귀기조차 어려운 코로나 학번은 소외감과 고립감 등을 호소한다. 대학 커뮤니티 에브리타임에는 "비대면 대학생활이 지속될수록 더욱 소심해지는 것 같다" "똑같은 코로나 시국에도 다른 친구들은 대학 사람들과 잘 사귀는 것 같아 우울해진다"는 글이 올라왔다. 한양대 심리상담센터 한양행복드림상담센터의 하정희 센터장은 "동료들과 친분을 쌓을 길이 막히자 학내 심리센터에도 고립감, 우울감, 정체성 문제 등을 호소하는 새내기가 많다"고 말했다.

기사에 달린 댓글이 궁금해 살펴보았다. 그중 몇 개만 소개하자면 이렇다.

학부모 아니면 모른다. 큰애가 20학번인데 사이버대학교에 입학한 것 아닌데 하면서 쓴웃음 짓더라. 알바를 하려해도 알바자리도 없고, 그냥 온라인 강의 듣고 공부하고 해질녘에 집 근처 공원에서 운동하고 그러는 게 전부다.

정말 저도 아들 보면
지금 고3이 아닌 게 어디냐며 위안을 해보지만…
저희 애도 군에 갈 거 같아요
자기도 답답한지 쿠팡 알바 하러 잠깐 다니구
집에 있을 땐 백수랑 다른 게 뭐지 그럽니다

저도 제 딸보면 너무 불쌍해요. 하고 싶다는 거 다 대학가면 하라고 못 하게 막았는데 집에서 비대면 강의만 듣고… 너무 우울하다네요. 대학교 4년 내내 이러면 어쩌나 싶고… 그래도 좋은 날이 오겠지 희망을 가져봐야죠

찬란할 수 있었을 새내기 시절이 이렇게 지나가다니…

주로 대학생 자녀를 둔 부모들이 쓴 댓글 같았다. 안 됐다는 마음이 절로 들었다. 내 대학 신입생시절을 떠올려보았다. 전에도 말했듯이 나는 그리 사교적인 인간은 아니지만 신입생시절은 나름대로 즐겁게 보냈던 것 같다. 아니, 확실히 그 시절은 좋았다. 다시 과거로 돌아갈 수 있다면 그때로 돌아가

고 싶을 만큼. 신입생 오리엔테이션의 기억이 떠오른다. 선배라는 이들이 나타나 술판을 벌였었는데 나름대로 낭만이 가득한 시간이었다. 그들은 나보다 고작 서너 살 많았는데 인생다 산 사람처럼 폼을 잡으며 삶은 어떻고, 문학은 어떻고, 철학은 어떻고 하는 말을 늘어놓았다. (거기다 덤으로 대학생활은 이렇게 해야 하고 연애는 저렇게 해야 한다는 얘기도 했던것 같다) 개강하고 동아리에 가입했는데 거기서 귀여운 여자애를 하나 만났다. 내 첫 키스 상대는 그녀였다. 우리는 어설픈 사랑을 이어가다 학기 말쯤 헤어졌는데 아주 가끔 그녀가 그립기도 하다. 그녀는 지금쯤 어디서 뭐하고 있을까?

그밖에도 MT, 축제, 응원전, 친구들이랑 술 마시고 당구치고 노래방 가고 기타 등등 많은 일들이 있었다. 그런데 2020년 스무 살이 된 대학 신입생들은 그런 것들을 전혀 누리지못한 채 자기 방 책상 위에 놓인 노트북 앞에 앉아 온라인 강의나 들으며 대학생활을 보내고 있는 것 아닌가. 그것은 말할것도 없이 슬픈 일이다. 스무 살의 캠퍼스는 인생에서 두 번주어질 수 있는 게 아니니까.

식사를 마치고 화장실에 가 양치를 하는데 윗집에서 세탁기를 돌리는지 물이 졸졸졸 나왔다. 가늘게 나오는 물줄기를컵에 받아 입안을 헹구며 생각했다. 다음에 이사 갈 집은 반드시 계약 전에 수압을 확인하겠다고.

화장실에서 나와 싱크대에 던져놓은 밥그릇과 젓가락을

설거지하려는데 일주일 전 사놓은 삼성전자의 주식이 얼마나 올랐는지 궁금해졌다. 그래서 설거지는 잠시 미루고 그것부터 확인해보았다. 확인 결과 주가는 59,300원으로 올라 있었다. 좋아, 조금만 더 올라라, 고지가 보인다!

작지만 기분 좋은 그 소식에 즐거움을 느끼며 싱크대로 향하는데 불현듯 무언가를 깨달았다. 그것은 인간이란 타인의 큰 불행보다 자신의 작은, 아주 작은 기쁨에 훨씬 더 민감하게 반응하는 존재라는 것이었다. 인간이 다 그렇다고 할 수 없다면, 적어도 나는 그렇다. 어쩔 수 없이 이기적인 존재, 그게 바로 나인 것이다. 나는 그 사실을 알고 있고 느끼고 있다. 그러니까 나는 코로나19 때문에 스무 살의 봄을 빼앗긴 수십만 청춘의 슬픔보다 몇 백 원 오른 내 주식의 가격을 더 중요하게 생각한다. 그것이 나이다. 그러면서도 한편으로는 잠깐씩 불운한 스무 살들을 동정하는 사람, 그 사람이 바로 나인 것이다.

7

두 달쯤 전에 첫 직장에서 같이 일했던 박 부장으로부터 딸이 결혼하는데 꼭 와서 축하해주었으면 좋겠다는 연락을 받았다. 그 양반에게 신세 진 것도 좀 있고 해서 참석하겠다고 대답했다. 대답은 그렇게 했지만 상황 봐서 귀찮으면 계좌로 축의금만 보낼 생각이었다. 그런데 3주쯤 뒤에 그가 다시 연락을 해왔다. 코로나 재확산으로 거리두기가 강화된 직후였는데 그래서 결혼식을 한 달 뒤로 연기하게 되었다고 했다. 그러면서 자신의 안타까운 마음을 구구절절 늘어놓는데 딱히 해줄 말이 없어 더 좋은 날로 미뤄진 거라 생각하시라고, 그날 무슨 일이 있어도 참석해 축하드리겠다고 했다. 오늘이 바로 그 연기된 결혼식 날이었다.

결혼식 장소는 남양주에 있는 교회였는데 여기서 전철로 2시간이나 걸렸다. 결혼식이 12시라 아침 먹고 일찌감치 출발했는데 그래도 생각보다 시간이 더 걸려 12시 10분쯤 교회에 도착했다. 그런데 준비한 축의금을 낸 후 식장 안으로 들어가려는데 문이 잠겨 있었다. 그 문만 잠겨 있는 건가 해서 옆에 있는 다른 문들도 열어보았는데 모두 다 잠겨 있었다. 황당했다. 출입구 옆에 있는 스크린에서 예식을 중계하고 있었는데 그거라도 보면서 식이 끝나기를 기다리는 수밖에 없을 것 같왔다. 박 부장의 얼굴을 보고 축하인사라도 건네고 가려면 말이다.

처음에는 30분이면 끝나겠지 하는 생각으로 서서 기다렸다. 그런데 웬걸, 주례사도 엄청나게 길고 축가도 두 팀이나 - 그것도 중간에 긴 멘트를 하느라 한 곡당 5분은 걸렸다 - 나와서 부르는 것 아닌가. 10분 넘게 서있다 다리가 아파 근처의 앉을만한 의자를 찾아 앉았다. 앉은 후에도 결혼식은 30분쯤 더 계속되었다. 마침내 예식이 끝나고 출입문이 열려 안으로 들어가 보니 거리두기를 하고 앉은 하객들 너머로 박 부장의 얼굴이 보였다. 나는 그에게로 다가갔다. 그는 여러 사람들과 축하인사를 주고받고 있었는데 내가 다가서자 알아보고는 와줘서 고맙다고 했다. 축하의 말을 건넨 후 돌아서려는데 그가 답례품은 받았느냐고 물었다. 축의금을 내며 코로나19 때문에 식사제공이 어려워 식권을 안 주나 보다 했을 뿐 다른 무엇을 받은 건 없었다. 그러자 그는 수량이 부족해 못 준 것 같은데 주소를 가르쳐주면 택배로 보내주겠다고 했다. 나는 괜찮다고 했다. 그런 얘기를 주고받는 사이 또 다른 하객들이 그에게 다가와 축하인사를 건넸고 나는 적당한 시점에 조용히 밖으로 나왔다. 시간은 이미 1시를 훌쩍 넘어 있었다. 살짝 배가 고팠지만 점심은 집에 가서 먹기로 했다.

교회에서 전철역까지 걸어오는 길에 공원이 하나 있었다. 나는 그 공원을 가로질러 걸었다. 더없이 화창한 가을 오후였고 조금은 덥게까지 느껴졌다. 그렇게 공원을 걷고 있는데 갑자기 어린 시절의 추억이 하나 떠올랐다. 아마 9살, 아니면 10살 때였을 거다. 나는 사촌 동생과 함께 정확히 어딘지는 기억나지 않지만 꼭 지금처럼 쏟아지는 햇살을 맞으며 공원 같은 곳에서 잠자리를 잡고 있었다. 내가 고추잠자리를 한 마리 잡아서 건네자 사촌동생은 즐거워했다. 우리는 깔깔 웃으며 잠자리채를 손에 든 채 어딘가로 달려갔다. 달콤하고 기분 좋은 바람이 우리의 얼굴을 스친다. 우리는 뭐라고 소리치며 계속해서 달린다. 그렇게 더없이 밝은 가을날의 오후가 흘러간다….

그 다음에 무슨 일이 있었던가? 아마도 집으로 돌아와 어머니가 썰어준 수박을 먹었을 것이다. 아니면 복숭아를 먹었거나. 그런 다음엔 드러누워 살며시 찾아오는 졸음을 느끼곤 희미하게 웃었을 거다. 먼저 잠에 빠져들던 건 사촌 동생이었다. 나는 7살짜리 아이가 잠들며 내뱉는 부드러운 숨소리를 들으며 거의 완벽에 가까운 안전감을 느낀다. 멀리서 이름 모를 새들의 지저귐이 들려온다.

나는 자신의 유년시절을 특별한 아름다움이 깃든 시기로 생각하는 유형의 인간은 아니다. 그 시절 나는 빨리 어른이 되고 싶다는 생각뿐이었다. 그런데 공원을 걷던 순간 되살아났던 유년시절의 기억은 아름다웠다. 왜 그렇게 느꼈던 걸까?

모르겠다. 아니, 어쩌면 알 것도 같다. 그것은, 그 시절이 아무런 걱정근심 없는 황금시대의 이미지로-아주 잠깐-내 마음속에 나타났기 때문이다. 세상은 밝고 따뜻하고 아름다웠고 나는 작고 어리고 안전했다. 나에게 필요한 모든 것은 부모의 손길을 통해 공급되었다. 나는 그냥 살아가기만 하면 됐다. 그냥 살아가기만 하면 사랑받았다.

물론 조금 전 얘기한 것들은 다 환상이다. 그때도 그때의 불만이 있었으니까. 그것이 무엇인지는 구체적으로 떠올릴 수 없지만 나의 의식은 그 사실을 기억하고 있다. 인생이란 어느 시기든 그 나름의 고통을 겪는 법이다. 그러나 하나 분명한 것은, 그 시절에 비한다면 지금의 나는 걱정할 것이 훨씬 더 많은 존재가 되었다는 것이다. 왜 나는 그렇게 되었을까? 그것이 세상의 이치니까?

나는 어른이 되었다. 어른이 되었다는 건 자기 몸은 자기가 건사할 수 있어야 한다는 뜻이리라. 그렇지만 그것은 쉬운 일이 아니다. 거기다 자기 자신뿐 아니라 다른 사람도 돌보아야 한다면 말이다. 들어갈 수 없었던 결혼식에서 신랑과 신부는 맑은 날이나 궂은 날이나 서로를 사랑하고 위할 것을 약속했다. 아마도 그것은 쉽지 않은 일일 것이다. 많은 노력과 희생이 요구되는 어려운 일. 나는 그런 희생을 감당할 준비가 되어 있는 걸까? 솔직히 말하자면 그렇다고 대답하기 힘들 것같다. 현재 나는 나 혼자 먹고 살기에도 빠듯한 수입을 올리고 있다. 그만둔 직장에서 받았던 월급을 생각했을 때 그렇다는 말이다. 다시 취직을 하게 된다면 받게 될 돈은 아마 그것과 비슷한 수준일 것이다. 그러니까 맞벌이 아니면 답이 없다고 할 수 있다. 하지만 맞벌이를 해도 서울 시내에서 제대로 된 집 한 채 장만하는 것은 여전히 요원한 일이다. 아마 경기도로 이사를 가야 할 거다. 여기 남양주도 괜찮을 것 같다는 생각이 든다. 여기든 아니면 일산이든 전세로 신혼집을 구하면 계속해서 필요한 것들이 생길 거다. 김치냉장고, 에어컨, 세탁기, 유모차…. 그런 것들을 사기 위해 열심히 벌어야겠지? 그렇게 벌고 사고 일하다보면 시간이 흐를 테고 금방 마흔이 되어 있겠지? 고추잠자리 따라다니던 날들에서 아주, 아주 많이 멀어져 있겠지?

승강장으로 들어가 비어 있는 벤치에 앉았다. 젊은 여자 하나가 내가 앉은 벤치로 오더니 가방을 내려놓고 앉았다. 그런데 얼마나 그렇게 앉아 있었을까, 음식물을 공급받지 못한 나의 위장이 꼬르륵거리기 시작했다. 옆에 앉은 여자는 그 소리를 들은 것 같았다. 부끄러웠다. 통제할 수 없는 내장의 작용이 짜증스럽게 느껴졌다. 여자는 아무렇지도 않은 얼굴로 스마트폰만 들여다보았다. 혹시라도 내가 무안해 할까봐 배려해준 것이라고 믿고 싶다.

나는 열차가 속히 도착하기만을 바라며 그대로 앉아 있었다. 열차는 5분쯤 뒤에 도착했고 그 안으로 들어가자 전동차에서 발생하기 마련인 다양한 소음들이 더 이상 꼬르륵거리는 소리 때문에 근심하지 않도록 해주었다.

집으로 돌아오는 길은 지독하게 길었다. 느릿느릿 달리는 열차 안에서 집에 도착하면 곧바로 손을 씻고 냉장고를 열어 안에 넣어둔 피자빵을 꺼내 먹어야겠다고 생각했다. 그런 생각을 하며 몇 번이나 군침을 삼킬 만큼 배가 고팠다. 이 모든 게 식사가 제공되지 않는 결혼식을 만들어낸 코로나바이러스 탓이다.

전철 안의 승객은 한눈에 보기에도 평소 주말보다 적었다. (이것도 코로나바이러스 탓인가?) 나는 빈자리에 앉아 창밖으로 보이는 풍경을 바라보며 배고픔을 잊기 위해 이런저런 생각을 했다. 만약 내가 결혼을 한다면 어떤 방식으로 할까, 어떤 사람들을 초대할까, 어디서 할까 같은 거에 대한 생각도 했다. 나는 결혼을 하게 된다면 작은 결혼식을 할 생각이다. 괜히 이 사람 저 사람 다 부르지 않고 정말로 중요한 사람 50명만 초대해서 치르는 작은 결혼식. 뭐 그럴 일이야 없겠지만 혹시라도 지나가다 내 결혼식에 참석하고 싶은 사람이 있다면 환영할거다. 그렇게 아무런 이해관계 없는 사람들과 나누는 축하와 환대가 좋기 때문이다. 물론 아무리 내가 그것을 좋아한다 해도 모르는 사람의 결혼식에 참여해 축하해주고 싶어 하는 사람은 없을 거다. 우리는 타인에게 무관심한 시대를 살고 있으니까.

그런데 대체 왜 식장의 문을 걸어 잠근 걸까? 코로나19 때문에? 들락날락 하는 하객으로 인해 예식의 분위기가 흐트러질까봐? 아니면 예식에 늦은 이들에게 가하는 일종의 페널티인가? 결혼식에 늦으면 문을 잠근다, 그래서 늦은 이들은 예식에 참여하지 못한다, 이거 어렸을 때 읽었던 동화책에서 나온 내용인 것 같은데? 아닌가, 내가 헷갈렸는지도 모르겠다.

어쨌든 초대를 받았으나 늦었다는 이유로 참석이 허용되지 않는 경험에는 독특한 무언가가 있다. 그것이 무엇인지는 조금 더 생각해봐야겠다.

　"소설에도 잠깐 설명이 나오지만, 코로나바이러스는 사람을 포함한 동물에 호흡기 및 소화기 감염을 일으키는 RNA 바이러스로, 표면을 현미경으로 관찰했을 때 보이는 왕관 모양의 돌기 때문에 라틴어로 왕관을 뜻하는 코로나란 이름이 붙었습니다. 코로나바이러스에 속하는 바이러스 종들은 매우 다양한데 리노바이러스, 아데노바이러스와 함께 감기를 일으키는 가장 주된 병원체로 알려져 있죠. 바이러스성 감기의 40퍼센트는 리노바이러스에 의한 감염이고 15퍼센트 정도는 코로나바이러스에 의한 감염이라는 연구 결과도 있어요."

　어제 저녁 있었던 모임에서 진행자인 소설가가 신나게 떠들었던 내용이다. 모임에서 다룬 책이 그가 쓴 〈코로나 시대의 사랑〉이란 소설이었는데 그래서인지 그 소설가는 코로나바이러스에 대해 꽤 많은 것을 알고 있었다. 근데 그 소설가, 보기보단 아주 발 빠른 글쟁이인 것 같다. 코로나19가 시작된지 8개월밖에 안 된 것 같은데 그것을 주제로 소설을 쓰다니. 어쨌든 그는 코로나바이러스에 관해 많은 얘기를 들려줬는데 그중 기억나는 걸 몇 개만 더 말해보자면 코로나바이러스는 RNA 바이러스로, RNA 바이러스는 특성상 변이율이 커서 종간 장벽을 자주 넘어 다닌다고 했다. 또 코로나바이러스는 본

래 인간을 주요 숙주로 삼았던 바이러스가 아니었다는 말도 했다. 박쥐, 사슴, 노루, 낙타 같은 동물이 원숙주인데 인간이 그것들과 접촉하면서, 가축으로 키우거나 도축하면서 인간에게도 전파되었다는 것이다. 이래서 육식이 문제인 거다. 안 먹어도 될 박쥐같은 걸 괜히 먹었다가 인간에게도 바이러스가 침투했다는 거 아닌가.

코로나바이러스에 대한 얘기는 이 정도로 하고, 소설 자체에 대해서 말하자면 그런대로 읽을 만했다. 코로나19로 얼굴을 맞대고 만나기 어렵게 된 청춘들이 다양한 방식으로 연애를 하고 실연을 당하고 그러면서 성장하는 이야기였는데 현실적이라 지루하지 않게 읽었다. 나는 소설의 등장인물 중 약간 다혈질인 준혁이 마음에 들었다. 그는 예원과 연애를 하다가 이런 말을 한다. "우리는 코로나 시대를 살고 있고 시대는 우리에게 만나지 말 것을 요구해. 그렇지만 나는 우리가 만날 수 있기를 원해. 영상통화는 미약한 대체재에 불과할 뿐이야. 우리는 그런 것으로 우리의 사랑을 만족시킬 수 없어." 그런 그에게 예원은 대답한다. 지금 같은 상황에서 직접 만나는 건 위험한 일이므로 사랑한다면 만나지 말아야한다고. 준혁은 안전에 대한 예원의 강박에 절망한다. 그리고 분노한다.

"그게 어떻게 안전에 대한 강박이죠?" 페미니스트가 말했다. "저는 이 소설에서 묘사된 예원과 준혁이란 인물을 보며 우리 시대의 여성과 남성의 특징을 다시 한 번 깨달았어요."

모임의 진행자이자 소설의 창조자인 작가가 물었다.

"그게 어떤 거죠?"

그는 자신의 소설을 통해 페미니스트가 깨달았다는 우리 시대의 남성과 여성의 특징에 대해 진심으로 궁금한 것 같았다. 페미니스트는 의기양양한 얼굴로 대답했다.

"하나만 말씀드리자면, 이걸 꼭 우리 시대 남성들만의 특징이라고 말하긴 어려울 것 같은데… 어쨌든 남성은, 자신의 감정이나 욕구를 잘 제어하지 못하는 측면이 있는 것 같아요. 특히 성적인 면에서. 최근 정치권에서 벌어졌던 성추행 사건만 해도 그래요, 자신의 사회적 지위를 한순간에 무너뜨릴 수도 있는 일을 저지르는 남성의 심리는 무엇일까요? 저도 모르겠어요. 다만 남성이 그 부분에서 아주 약하다는 것만 알뿐. 여성은 보다 이성적이고 타인을 배려할 줄 안다고 생각해요. 〈코로나 시대의 사랑〉에서도 그런 면이 잘 그려져 있죠. 준혁은 사랑한다는 이유로 사회적 거리두기가 요청되는 상황에서도 계속 만나자고 보채잖아요. 예은은 훨씬 더 책임감 있는 태도를 보이죠. 감정적으로 대응하지 않고 차분하게 준혁을 설득하려 애쓰고. 저는 이런 부분이 현실을 잘 반영했다고 생각해요."

"저는 좀 다르게 생각합니다." 나의 반박에 그녀는 기다렸다는 듯 도전적인 눈빛으로 나를 바라보았다. "남성의 저돌성과 적극성이 인류의 진보에 크나큰 기여를 했다고 생각하거든요. 예은이 준혁과의 만남을 미룬 건 코로나에 대한 불안감 때문이기도 했지만 다른 남자에게 끌리고 있기 때문이기도 했습니다. 하지만 얘기를 코로나에 대한 불안으로만 국한하자면, 맞습니다, 여성들은 남성들보다 조심성이 많고 더 안전하고 안정적인 것을 추구하는 경향이 있죠. 그런 여성의 성향이 긍정적으로 기능할 때도 많고요. 하지만 그렇지 않을 때도 적지 않습니다. 시대와 지역을 초월해 대부분의 인간사회에서 구애는 남성들이 먼저 합니다. 그런 남성들의 적극성과 저돌성이 없었다면 인류의 숫자는 절대로 78억 명에 다다르지 못했을 겁니다. 또 소방관이나 경찰 같은 위험이 따르는 직종의 근무자 중 다수가 남성인 것도 같은 이유 때문이라고 생각합니다. 위험에 움츠러들지 않고 적극적으로 대응하는 남성의 기질은 인류 전체를 놓고 보았을 때 반드시 필요한 것이죠. 그리고 생각해보세요, 영상 통화로만 진행되는 연애가 장기적으로 지속될 수 있을지를. 누군가는 만나자고 해야 할 거 아닙니까. 많은 경우 그 역할을 감당하는 건 더 적극적이고 위험에 노출되더라도 물러서지 않으려는 남성이죠."

"예은이 준혁과 헤어지고 민우와 사귀게 된 건 준혁의 집착 때문이지 예은이 양다리를 걸쳤기 때문이 아니에요. 예은은 코로나로 대면 만남이 어려운 상황에서도 철없이 만나줄 것을 요구하는 준혁에게 지친 거예요. 그러니까 준혁의 그런 행동은 적극성이나 위험에 움츠러들지 않는 것이 아니라 자신을 자제하지 못하는, 지나치게 감정적이고 충동적인, 미성숙함의 표현일 뿐이죠. 그리고 남성이 소방관이나 경찰 같은 직종을 전담한다고 하셨는데 그것은 우리 사회가 여성에게 그런 일자리를 얻을 수 있는 기회를 주지 않았기 때문이지 여성이 남성보다 무능해서가 아니에요."

그녀는 계속해서 말했다. 진행자와 다른 참여자 모두가 오늘 모임도 우리 두 사람의 말다툼으로 변질될까봐 우려하는 기색이 역력했다. 그래서 나는 자제력을 발휘해 그 얘기는 이쯤에서 마무리 짓자고 했다. 그녀는 뭔가를 더 말하고 싶은 듯 숨을 깊게 들이쉬었지만 결국 내 의견을 따랐다. 그렇게 갈등이 봉합된 순간, 내 뇌의 한구석 어딘가에서 전혀 예기치 못했던 일이 일어났다. 흥분한 자신을 추스른 후 갈증을 느낀 듯 마스크를 벗고 생수병을 입에 가져가는 그녀가-내가 마음속으로 '싸움닭 페미니스트'라고 규정했던 그녀가-묘하게 매력적으로 느껴졌던 것이다.

어떻게 그런 일이 일어난 건지는 알 수 없었다. 하지만 그 순간 나는 분명히 느꼈다. 쉽게 발끈하고 지나치게 자기주장이 강한 그녀가 같은 테이블에 둘러앉은 말없고 온순한, 이름도 기억나지 않는 여자들보다 훨씬 더 흥미로운 존재라는 것을 말이다. 지은은 오늘 모임에 참석하지 않았다. 일이 있어 못 온 것 같았다. 그래서였는지 모르지만 나는 오늘 페미니스트의 매력을 처음으로 알아보았다. 이제껏 보지 못했던 무엇을 오늘에서야 보았던 것이다. 돌이켜보니 내가 그녀의 맨얼굴을 처음으로 본 게 오늘인 것 같다. 그녀는 첫 모임 때 오지 않았고 두 번째 모임에서 나와 격돌했을 때는 마스크를 벗지 않았으니까. (아니면 잠깐 벗었는데 내가 못 봤나?) 어쨌든 그래서 오늘 처음으로 그녀의 마스크 벗은 얼굴을 보았는데 그녀는 그런대로 예쁜 편이었다. 아니, 솔직히 말하겠다. 그녀는 꽤 예뻤다. 특히 입술이. 이제부터 나는 그녀를 페미니스트란 호칭 대신 이름으로 부르겠다. 민아란 이름으로 말이다.

그녀와 나 두 사람이 장악한 대화가 막을 내리자 또 다른 참여자가 소설에서 나온 20대 여성의 자살에 대해 얘기했다. 그녀의 얘기를 다 들은 진행자가 말했다.

"소설에도 언급되었지만 전쟁이나 지진, 전염병 같은 공동체 구성원 전체가 직면한 위기상황은 자살률을 감소시키죠. 구성원 전체가 공유하는 긴장감, 위기의식이 일종의 연대감을 형성해서인지, 아니면 자살을 생각하고 있던 고립되고 원자화된 개인도 공동체적 위기상황에 함께 긴장감을 느껴 다시 생의 끈을 붙잡게 되는 건지 정확히는 알 수 없지만 어쨌든 그런 현상이 나타나요. 코로나19의 경우도 국내에서 첫 번째 대유행이 발생했던 2월, 3월에는 전년도에 비해 자살률이 낮아졌어요. 그런데 이상하게도 5월 이후부터는 유독 20대 여성의 자살률이 높아지는 현상이 나타나기 시작했죠. 다른 연령대는 전년도랑 비슷하거나 하락했는데 20대 여성만 높아지는 현상이요. 그 원인에 대한 다양한 분석들이 있는데 그중 가장 주된 의견은 20대 여성이 코로나19로 인한 경제적 타격에 가장 취약한 계층이고 그로인해 이런 결과가 나타나게 되었다는 주장이에요. 20대 여성이 대면 서비스직에 많이 고용되어 있고 그런 직종이 코로나 확산으로 인해 큰 피해를 입으면서 일자리를 잃고 경제적으로 어려움에 처하게 되었다는 거죠. 그 결과 극단적 선택을 시도하는 경우도 늘게 되었다는 거고요. 하지만 저는 경제적인 어려움만이 그런 현상의 원인이라고는 생각하지 않아요."

그는 계속해서 얘기했지만 나는 더 이상 그 얘기에 집중할 수 없었다. 민아, 그녀를 관찰하는 것이 더 중요했기 때문이다. 그녀는 진행자의 말에 귀를 기울이며 그의 발언에 자신이 덧붙여야 할 사항이 있는지 생각하는 것 같았다. 그렇게 상대의 말에 집중하며 뚫어질 듯한 눈빛으로 바라보는 그녀의 모습엔 분명히 사람의 마음을 끄는 무엇이 있었다. 그녀는 진행자의 발언이 끝날 때까지 그런 모습을 유지하다 자신의 생각을 개진할 수 있는 시간이 되자 눈을 반짝이며 입을 열었다.

"저는 말씀하신 20대 여성 자살자의 심리 분석에 대해 일정 부분 동의하지만 관계성의 결여라는 측면을 놓고 그것이 마치 자살자의 책임인 듯 설명되는 것에는 반대해요." 그녀는 잠시 말을 멈추고 도전적인 눈빛으로 진행자를 바라보았다. "한국 사회에서 여성은 취약한 위치에 놓여 있어요. 누군가와 관계를 맺고 만남을 이어가기 위해선 돈이 필요한데 여성은 남성보다 적은 급여를 받고 있고 그중에서도 1인 가구로 생활하는 여성의 경우에는 급여 중 상당부분을 월세와 관리비로 지출할 수밖에 없는 구조죠. 그럼에도 대부분의 여성들은 적은 비용으로 그 일들을 잘 해내고 있어요. 남성보다 훨씬 더 잘. 만약 여성들에게 관계성의 결여를 지적하고 싶다면 관계성을 증대시킬 수 있는 자원, 임금을 올려주고 그런 말을 해야 할 거예요. 그리고 관계성 얘기가 나왔으니 좀 더 말하자면, 관계의 중요한 한 축인 이성교제에 있어 한국사회는 여성이 많은 위험을 감수해야 하는 사회라고 생각해요. 최근에 지속적으로 문제가 되고 있는 데이트 폭력이나 성관계 시 동의 없이 이루어지는 영상 촬영, 그리고 그렇게 촬영된 영상물의 유출 등 얘기하자면 끝이 없죠. 그런데 이런 범죄를 저지른 남성에 대한 처벌은 아직도 가벼운 게 사실이에요. 피해자는 삶이 완전히 무너지고 심지어는 극단적인 선택을 하기까지 하는데 말이에요. 얘기가 나왔으니까 말인데 우리 사회는 아직도 이런 범죄의 피해자가 된 여성에 대해 편견어린 시선을 갖고 있어요. 그런 일을 당할만한 행동을 했다는 거죠. 그러나 그건 피해자를 두 번 죽이는 일이에요. 피해자인 여성이 자신의 피해 사실을 드러낼 수 없도록 하는 일이라고요. 우리 사회가 이런데 과연 남성과 관계를 형성하는 것에 두려움을 느끼는 여성을 비난할 수 있을까요?"

"말씀하신 내용에 전적으로 동감합니다." 내가 말했다. "여성의 임금은 반드시 남성과 동일한 수준으로 인상되어야 합니다. 같은 일을 했다면 같은 돈을 받아야죠. 그리고 이성교제에 있어서는, 말씀하신 범죄를 저지른 남성들을 강력하게 처벌해야 한다고 생각합니다. 지나치다 싶을 정도로 강력하게요. 우선 선고 형량을 높여야 할 겁니다. 그리고 집행유예를

없애야 할 거고요. 그런데 저는, 그런 법적인 처벌 못지않게 성범죄를 예방할 수 있는 좋은 방법이 있다고 생각합니다."

"그게 뭐죠?"

"혼전순결을 지키는 것."

그녀가 어이없다는 눈으로 나를 쳐다보며 말했다.

"혼전순결이요?"

"네, 영상을 촬영할 기회를 아예 주지 않는 거죠."

"그건 너무 지나친 생각 아닐까요? 지금은 21세기인데…."

고백하자면 나는 혼전순결주의자는 아니다. 그럼 왜 그런 얘기를 했느냐고? 보고 싶었기 때문이다. '혼전순결'이란 단어를 꺼냈을 때 나타날 그녀의 표정 변화를. 결과는 기대 이상이었다. 그녀가 보여주었던 뜨악하는 표정은 평생 잊지 못할 거다. 나는 계속해서 말했다.

"연애단계에서 쉽게 성관계를 갖는 오늘날의 연애방식의 최대수혜자가 누구라고 생각하십니까? 저는 바람둥이 남성이라고 생각합니다. 여성은, 항상 그런 건 아니지만 언제든지 피해자로 전락할 수 있죠. 헤어진 후 홧김에 유출시킨 리벤지 포르노뿐만 아니라 상당수의 데이트 폭력도 너무 이른 성관계와 무관치 않으니까요."

"데이트 폭력과 성관계가 어떤 상관관계가 있다는 거죠?"

"성이란 신비로운 겁니다. 신비는 쉽게 허용되지 않을 때 발생하죠. 쉽게 허용되지 않기 때문에 그것의 가치가 높아지는 것이고요. 그런데 그렇게 쉽게 허용되지 않아야할 것이 너무 쉽게 허용되면 필연적으로 그것의 가치는 떨어지게 되죠. 마음만 먹으면 얼마든지 가질 수 있는 걸 애지중지하며 귀하게 여길 사람은 별로 없으니까요. 연애단계에서 지나치게 이르게 허용된 성관계는 여성에 대한 남성의 존중을 약화시켜요. 여성을 함부로 대하게 만들 가능성이 높다는 거죠. 물론 폭력을 행사하는 수준까지 타락하는 남성은 소수일 거예요. 그러나 그 정도까지는 아니더라도 여성의 신비로움과 고귀함이 약화되는 건 피할 수 없는 일이죠."

"흥미로운 주장이네요." 진행자가 고개를 끄덕이며 말했다. "혹시 이 주장에 대해 다른 의견을 가지고 계신 분 있으신가요?"

역시나 그녀가 가장 빨리 대답했다.

"말씀하신 의견은 연인사이에서 이뤄지는 성관계의 긍정적인 측면을 지나치게 도외시한 주장 아닐까요? 성관계를 통해 더 바람직한 방향으로 관계가 발전할 수도 있는 거잖아요. 성관계 때문에 남성의 폭력적인 성향이 증대된다? 오히려 반대 아닐까요? 성적인 욕구가 억눌렸을 때 그것이 기형적으로 분출되는 경우가 훨씬 많지 않을까요?"

"그래서 결혼이 필요한 거죠. 결혼은 성적인 욕구를 해결할 수 있는 합법적인 방법이니까."

"결혼 아닌 연인관계에서 이뤄지는 성관계도 결혼관계에서 이뤄지는 그것과 동일한 효과를 가져다준다고 할 수 있지 않을까요?"

"결혼한 부부 사이의 성관계와 연인사이 또는 동거 중인 커플 사이에서 이뤄지는 성관계는 성격이 달라요."

 "어떻게 다른데요?"

 "결혼은 상대와 남은 인생을 함께할 거란 서약이 전제된 관계죠. 그리고 자녀의 출산을 염두에 둔 관계고요. 물론 요즘은 결혼해도 아이를 갖지 않는 부부도 많기 때문에 자녀와 결혼을 절대적으로 연관 지을 수는 없지만 어쨌든 그래도 결혼 관계가 갖고 있는 배우자에 대한 영속적이고 독점적인 묶임의 성격은 변함이 없죠. 연인관계는 달라요. 물론 그것도 어느 정도는 상대에 대한 독점적인 소유의 성격이 있긴 하죠. 하지만 결혼에 비한다면 연애는 언제든 쉽게 끝낼 수 있는 관계에요. 연애관계라는 것 자체가 탐색의 의미를 지니고 있으니까, 탐색해본 결과 상대가 자신과 맞지 않는다고 결론 내려지면 헤어질 수 있다는 전제가 깔린 채 진행되는 관계가 연애니까요. 그렇기에 대부분의 연인들은 연인관계에서는 아이를 갖지 않으려 하죠. 언제든 헤어질 수 있는데 아이를 낳는다는 건 무책임한 일이니까요. 제가 보기에는 연인관계에서 이뤄지는 성관계는 어떤 의미에선 대가를 지불하지 않고 열매를 따먹으려는 행위와 같아요. 즐거움에 상응하는 대가가 꼭 임신이나 출산만을 의미하는 건 아니에요. 그것 이상으로 서로에 대한 헌신, 희생 같은 걸 뜻하죠. 하지만 연인관계는 성격상 어느 정도 열려 있는 관계이고 결혼한 부부처럼 수입을 공유하고 생활을 함께 하며 서로를 돌보는 수준의 헌신을 요구하지는 않죠. 그런데 그런 헌신이란 대가 지불 없이 즐거움이 계속되면 묘하게도 우리 인간은 그 즐거움에 대해 의심하기 시작하죠. 대가를 지불하지 않았기 때문에 가치가 없다고 느낀다고 할까? 이건 꽤 보편적으로 나타나는 현상이라고 생각하는데, 그렇지 않은가요?"

참여자 한명이 고개를 끄덕이며 동의를 표했다. 그러나 그녀는, 민아는 이번에도 동의할 수 없다고 했다.

"제가 보기엔 성관계 자체에 문제가 있는 게 아니라 그 이후에 빈번하게 나타나는 남성의 태도에 문제가 있어요. 성관계 자체는 문제가 없어요. 그러나 그 이후 여성에게 나타내 보이는 남성의 태도, 그것이 문제라고요! 성관계는 남성보다 여성에게 훨씬 더 큰 위험요소를 내포하고 있어요. 피임을 한다고 해도 임신이 될 수도 있고 영상 같은 걸 촬영한다면 유출됐을 때 여성이 입게 될 피해는 말로 다 할 수 없으니까요. 그런데 그런 위험을 무릅쓰고 관계를 허락한 여성에게 남성은 너무도 뻔뻔스럽게 굴기 시작하죠. 마치 그것이 자신의 권리인 것처럼 말이에요."

"인간이란 그런 존재죠."

"인간이 아니라 남자라고 하는 게 정확할 것 같은데요."

"여자도 마찬가지 아닐까요?"

그녀가 발끈하며 말했다.

"어떤 점에서 여자도 마찬가지라는 거죠?"

"여자는 남자에게 요구하기 시작하죠. 연인 사이에서 요구될 수 있는 것 이상의 것들을요."

"그게 어떤 건데요?"

"먼저 말한 헌신 같은 거."

"그것은 마땅히 요구될 수 있는 거예요."

"아니죠, 결혼관계라면 몰라도 연인관계에선 마땅히 요구될 수 있는 게 아니죠."

"동의할 수 없어요."

"동의하지 않으신다면 어쩔 수 없죠. 그러나 확실한 건 결혼관계에서 요구될 수 있는 수준의 것들을 요구하려면 결혼관계로 진입한 다음이 유리할 거라는 거예요."

우리의 이번 논쟁은 제지당하기는커녕 오히려 진행자인 소설가를 비롯해 다른 참여자 모두의 관심어린 눈빛 속에서 이루어졌다. 내가 느끼기엔 그들도 흥미진진하게 나와 그녀의 얘기를 듣고 있는 것 같았다.

9

모임이 끝난 후 엘리베이터를 타고 1층으로 내려와 건물 밖으로 걸어 나오는 동안 그녀와 나는 계속 대화를 주고받았다. 먼저 말을 건넨 건 나였다.

"오늘 즐거웠습니다."

그러자 그녀는 자신도 즐거운 시간이었다고 했다. 나는 다음번에는 우리의 생각이 비슷해 우리끼리 논쟁하기보다는 다른 참가자를 상대로 연합해 합동작전을 펼쳐보았으면 좋겠다고 했다. 그러자 그녀는 웃더니 "그럴 수 있었으면 좋겠네요." 하고 말했다.

웃음소리가 매력적인 여자들이 있다. 듣기만 해도 기분이 좋아지는 웃음소리. 그녀의 웃음소리는 매력적이었다. 나는 기분이 좋아졌다.

"그건 그렇고, 집이 어디세요?"

그녀는 대학로 쪽이라고 대답했다.

"좋은 곳에 사시네요."

"별로 그렇지도 않아요."

이유는 알 수 없었지만 그렇게 말하는 그녀가 귀엽게 느껴졌다.

"집까진 버스 타고 가시는 거예요?"

"네."

"저는 지하철로 가요."

"집이 어디신데요?"

"독산동이요."

"그래요? 제 친구 하나도 그 근처에 사는데."

"그래요? 어디 사시는데요?"

"서울 남부 여성발전센터라고 아세요?"

여성발전센터? 처음 들어보는 곳이었다. 여성을 발전시켜
주는 곳인가?

"잘 모르겠는데요."

"그런 곳이 있어요. 그 근처에 살아요."

"그러시구나."

그런 얘기를 주고받는 사이에 우리는 건물 밖으로 나왔다.
아쉽지만 이제는 작별 인사를 건네야 했다.

"다음 주에 봬요. 조심해서 들어가시고요."

그녀는 "네, 안녕히 가세요."하고 대답하고는 몸을 돌려 버
스정류장이 있는 곳으로 발걸음을 옮겼다. 나는 지난 2주간
교대역까지 동행했던 민진과 함께 강남역을 향해 걸었다. 민
진이 말했다.

"준오씨는 아는 게 되게 많으신 것 같아요."

"별로 그렇지도 않아요."

"아까 하셨던 얘기들, 저는 되게 공감했어요."

"그래요?"

"네, 얘기를 너무 잘 하셔서."

얘기를 잘한다고 말해주니 싫지는 않았다.

"준오씨 때문에 모임 오는 게 기다려져요."

그녀는 불쑥 그렇게 말했다. 나 때문에 모임에 오는 게 기다려진다고? 다소 당황스러운 발언이었다. 그래도 뭐라고 대답해 주어야했기에 그렇게 말해줘서 고맙다고 했다.

그녀는 웃더니 "진짜로요."하고 말했다.

이 상황은 뭐지? 하는 생각이 들었다. 솔직히 좀 부담스럽기도 했다. 갑자기 왜 이런 말을 하는 거지? 혹시 나에게 관심이라도 있는 건가? 하지만 나는 그녀에게 이성으로써 어떤 끌림도 느끼지 않았다. 그녀는 내가 좋아하는 타입이 아니었기 때문이다.

그녀는 지하철을 타서도 이런저런 말을 했다. 자신이 기르는 반려견 복실이의 사진을 보여주기도 했는데 녀석은 꽤 귀여운 강아지였다. 그녀가 복실이에 대한 얘기를 한참 이어가고 있을 때 열차가 교대역에 도착했다. 그녀는 내게 인사를 건네고 열차에서 내렸다. 그녀가 내린 후 혼자가 되자 음악이나 들으며 오늘 벌어졌던 일들에 대해 생각하려고 휴대폰을 꺼냈는데 문자가 와 있었다. 종우가 보낸 문자였다. 6개월 전 언쟁 끝에 연락이 끊긴 친구 말이다.

잘 지내고 있지? 어머니가 오늘
돌아가셨어. 혹시 시간 여유
된다면 찾아와주면 정말
고마울거야

부고알림
최종우의 모친 故 임애숙님께서
소천하시어 부고를 알립니다.
장소: 부천은혜병원 장례식장 3호실
발인일시: 2020년 09월 26일 오전 08시 30분
장지: 벽제승화원
모바일부고장→ http://mobile-bugo.net/
v.php?fuh=MTl3NTUy

본 메시지는 스팸이 아닌 유가족들의 마음을 담아
○○상조에서 제공하는 모바일부고장입니다.

조금 놀랐다. 부고라니…. 녀석의 어머니가 암 투병 중이라
는 얘기는 들었지만 이렇게 갑작스럽게 돌아가실 줄은 몰랐
다. 다툰 후 6개월 넘게 연락하지 않은 사이였지만 찾아가는
게 도리일 것 같았다. 나는 곧바로 녀석에게 전화를 걸었다.
녀석은 금방 전화를 받았다.

"이게 갑자기 무슨 일이야…."

녀석은 가라앉은 목소리로 말했다. 지난달부터 급격하게
상태가 악화돼 입원치료를 받으셨는데 결국 오늘 오후에 운

명하셨다고.

뭐라고 위로의 말을 해야 할지 떠오르지 않았다. 그래서 내일 아침 일찍 가겠다고, 만나서 얘기하자고 했다.

녀석은 알겠다며 고맙다고 했다. 통화를 마치고 장례식장의 위치를 확인해보니 소사역에서 내려 10분쯤 걸어가면 될 것 같았다. 아침 먹고 바로 출발하면 10시 전에 도착할 수 있겠군, 하는 생각이 들었다.

열차는 요란한 소리를 내며 달렸다. 빠르게 스쳐지나가는 차창 밖 풍경을 바라보고 있자니 이런저런 생각들이 찾아왔다.

'안 좋은 시기에 돌아가셨군. 코로나로 장례를 치르기도 쉽지 않을 텐데….'

종우의 얼굴이 떠올랐다. 마지막으로 만났을 때 보여줬던 분노로 일그러진 표정이 아니라 즐겁게 웃고 있는 얼굴이.

그런데 다음 순간 생각은 방향을 바꿔 다른 쪽으로 나아갔다.

'아버지가 올해 연세가 어떻게 되시지? 예순하난가?'

그런 것 같았다.

'그럼 어머니는? 쉰아홉?'

아마도 그럴 것이다. 예순하나, 쉰아홉. 아직 노인이라고 하기에는 이른 나이다. 하지만 중년이라고 하기에도 어색한 나이다. 종우의 어머니도 비슷한 나이셨겠지? 그 말은 우리 아버지, 어머니에게도 언제든지 죽음이 찾아올 수 있다는 뜻이다. 아니, 그게 어디 쉰아홉, 예순 살 먹은 사람에게만 해당되는 일이겠는가. 존재하는 모든 이들이 다 마찬가지다. 죽음은 예정된 진실이다. 100세 시대가 코앞에 왔다는 소리는 어느 정도 소망적 사고에 기반한 것이다. 자신은 그 나이까지 살 거라는, 살고 싶다는 소망이 투영된 거라는 말이다. 사실 100세까지 사는 사람은 극소수다. 대부분은 그보다 훨씬 일찍 죽는다. 죽음은 생각보다 아주 먼 훗날 있을 일이 아니라는 것이다.

그렇지만 죽음이 갑작스럽게 끝내버리는 삶에는 분명히 이상스러운 측면이 있다. 이를테면 뭔가 더 진행될 것 같던 영화가 갑자기 끝나는 것처럼 말이다. 그것은 어딘가 부자연스럽고 부조리하다. 어제까지 숨 쉬고 말하고 움직이던, 누군가와 사랑을 나누던 존재가 사라져버린 이상함.

어쩌면 종교는 죽음의 그런 이상함에 대응하기 위한 인간의 방책일지도 모른다. 인간에게는 죽음과 죽음 이후에 대한 설명이 필요하기 때문이다. 많은 종교가 얘기하는 것처럼 죽음은 끝이 아닐지도 모른다. 그리고 그것이 끝이 아닐 때만 삶은 의미가 있을 수 있는 건지도 모른다.

그런 생각을 한참 이어가다 어느 순간 나는 생각을 다시 인생의 밝은 면 쪽으로 돌리기로 했다. 계속 죽음에 대해서 생각하는 건 너무 우울한 일이었으니까. 나는 독서모임에서 만난 두 여자에 대해 생각해보았다. 민아와 지은 말이다. 그녀들은 분명 제각기 나름의 아름다움과 매력을 지니고 있다. 그것은 독특하면서도 흥미로운 것이다. 나는 오늘에서야 민아의 아름다움을 눈치챘다. 어떤 아름다움은 알아보는 데 시간이 걸리는 법이다. 물론 오늘 부재한 지은 때문에 그녀의 아름다움이 더 부각된 것일 수도 있다. 하지만 그렇다고 하더라도 아름다움 자체는 달라지지 않는다. 아름다운 것은 아름다운 것이다.

독서모임은 다음 주면 끝난다. 그러면 더는 목요일 저녁마다 그녀들과 만날 수 없게 될 것이다. 모임이 끝난 후에도 만남을 지속하고 싶다면 방법을 강구해야 할 거다. 아직 시간이 남아 있긴 하지만 어떤 방법으로 만남을 요청할지에 대해선 생각해볼 필요가 있다. 이렇게 헤어지긴 아쉬우니 밥이나 한번 같이 먹자고 할까? 그게 가장 무난할 것이다. 하지만 그보다 더 좋은 건 없을까? 있을 것 같았지만 잘 떠오르지 않았다. 그렇게 그 주제로, 그리고 자꾸만 고개를 쳐드는 죽음에 대한 생각으로 왔다갔다 하는 사이에 열차는 어느새 목적지에 도달해 있었다.

10

코로나19로 모두가 마스크를 쓴 장례식장의 풍경은 어딘가 더 침울한 느낌을 주었다. 나는 서둘러 3호실 안으로 들어갔다. 테이블 뒤에 앉아 조의금을 받고 있는 남자는 눈매가 묘하게 종우랑 닮은 게 사촌 형이거나 아니면 막내 삼촌쯤 되는 것 같았다.

조객록에 서명하고 빈소로 가자 검은 양복을 입고 상주로 서있는 종우가 눈에 들어왔다. 녀석은 침통한 표정을 짓고 있었다. 정말로 그래서 그런 거겠지만 왠지 내겐 어느 정도는 그런 표정을 지어야할 필요가 있어서 그런 것처럼 보였다. 어쨌든 나는 영정 앞에 절하고 꽃을 헌화한 후 종우에게로 다가갔다. 녀석은 와줘서 고맙다고 했다. 그런 다음 옆에 있던 아버지에게 나를 소개했다. 종우의 아버지는 나에게 고맙다며 안으로 가서 식사를 하라고 했다. 아침을 먹지 않고 나와서 배가 고팠기에 사양하지 않았다. 안으로 들어가 자리에 앉자 곧 종우가 내가 있는 곳으로 왔다. 나는 녀석에게 아침을 먹었느냐고 물었다. 녀석은 먹었다고 대답했다. 종우의 사촌 누나로 보이는 새침한 얼굴의 삼십대 초반쯤 되어 보이는 여자가 일회용 용기에 담긴 밥과 반찬을 가져다주었다. 이른 시간이라 조문객이 많지 않았기에 우리는 식사를 하면서 15분쯤 대화를 나눌 수 있었다. 녀석은 임종당시의 상황에 대해(어제 오후 4시쯤 가족들이 지켜보는 가운데 임종하셨다고 했다), 그리고 향후 있을 장례 절차에 대해 얘기했다. 나는 상심이 클 텐데 힘내라고 말해주었다. 그런데 희안하게도 대화가 진행될수록 대화의 주제는 죽음에 대한 것에서 삶에 관한 것으로 바뀌었고 그럴수록 녀석의 표정도 밝아졌다.

"그래서 일 그만두고 어떻게 지내고 있어?"

"그동안 못했던 이것저것 하면서 지내고 있어."

"그동안 못했던 거? 어떤 거?"

적당히 둘러댈까 고민하다 그냥 사실대로 말하기로 했다.

"독서모임이라고 들어봤어?"

"독서모임? 책 읽고 토론하는 거야?"

"그렇다고 할 수 있지. 근데 학술적인 얘기를 주고받는 건 아니고, 그보다는 책을 매개로 다양한 사람들과 만나는 사교 활동이라고 할 수 있지."

"여자도 많이 와?"

"거의가 여자야."

"그래? 재밌겠는데."

"너도 다음에 기회 되면 한 번 해봐."

"어디서 하는 건데."

나는 내가 참석하고 있는 독서모임에 대해 좀 더 자세히 말해주었다. 그리고 꼭 거기가 아니더라도 검색하면 다양한 독서모임들을 접할 수 있을 거라고 덧붙였다.

"나도 다음에 꼭 해봐야겠다. 나 그런 데 관심 많거든."

녀석이 그런 데 관심 많은 건 잘 알고 있었다. 책 말고 여자를 만날 수 있는 기회 말이다. 그때 녀석의 사촌형으로 보이는 남자가 다가오더니 조문객이 왔다며 녀석을 데리고 갔다. 혼자 앉아 있기 어색해 자리에서 일어나려고 할 때쯤 녀석이 돌아왔다. 그리곤 아버지 친구 분이 오셔서 짧게 인사 나누고 왔다고 말했다.

녀석은 이어서 앞으로의 계획에 대해 몇 마디 떠들었는데 내용인즉슨 지금 하고 있는 일을 그만두고 쿠팡 배송기사를 해볼까 고민 중이라는 얘기였다. (그 일을 시작한 지인이 있는데 힘들지만 돈은 많이 벌 수 있다고 한 것 같았다) 나는 남들이 괜찮다고 말하는 것에 대해선 의심어린 눈초리로 보는 편이지만 어머니 상을 당한 녀석한테 괜한 소리 하기 싫어서 뭐 그것도 괜찮을 것 같다고 말해주었다. 그런 얘기를 조금 주고받고 있는데 아까 그 사촌이 다시 왔다. 새로운 조문객이 온 모양이었다.

녀석이 다시 상주 역할을 하러 가자 자리를 뜰 때가 되었다는 확신이 들었다. 그래서 조용히 일어나 밖으로 나왔다. 모두가 마스크를 쓴 코로나 시대의 장례식장, 그곳에서 탈출하니 하늘이 왠지 더 파랗게 느껴졌다.

집으로 돌아와 씻은 후 휴대폰으로 삼성전자의 주가를 확인해보는데 60,400원으로 올라있었다. 나는 서둘러 노트북을 펼치고 HTS (Home Trading System의 약자로 개인투자자가 인터넷을 통해 집 또는 사무실에서 주식 거래를 할 수 있는 프로그램)를 실행시켰다. 그리고 가지고 있던 삼성전자 주식 전부의 매도 주문을 냈다. 매도 가격은 조금 고민하다 60,400원으로 결정했는데, 왜 고민했느냐면 주식가격이 계속해서 60,300원에서 60,400원 사이를 왔다갔다 했기 때문이다.

떨리는 마음으로 5분쯤 모니터를 바라보며 기다렸지만 매도는 이루어지지 않았다. 거기다 조금 전까지만 해도 60,400원과 60,300원 사이를 왔다갔다 하던 가격이 60,200원에서 60,300원으로 바뀌었다. 아무래도 60,400원을 고수하면 거래가 성사되지 않을 것 같았다. 그래서 매도 주문을 정정해 60,200원으로 바꿨더니 1초도 지나지 않아 누군가가 내 주식을 사갔다. 주식계좌에 들어온 현금을 확인해보니 3,062,275원, 세금과 수수료 떼고 62,275원을 번 것이다!

놀라웠다. 이렇게 쉽게 돈을 벌 수 있다니. 번 돈을 어떻게 할까 고민하다 내일모레 집근처 은행 ATM에서 인출하기로 했다. (주식은 매도 후 이틀을 기다려야 현금으로 인출이 가능하다) 6만원 전부 말고 5만원만. 그 돈은 데이트 비용으로 쓸 거다. 나머지 12,000원은 다시 투자금으로 사용할 거고.

첫 투자가 작지만 알찬 열매를 맺어 뿌듯하다. 아니지, 6만원은 작다고 할 수 없는 돈이다. 1,000만원을 1년 동안 은행에 넣어둬도 받는 이자가 10만원도 안 되는데 300만원으로, 그것도 2주 만에 6만원을 번 것이다! 그러니 어떻게 작다고 할 수 있겠는가.

물론 항상 이렇지는 않을 것이다. 언젠가는 하락장이 시작될 테니까. 하지만 괜찮다. 어차피 나는 여윳돈으로 주식을 하는 거니까. 하락장에선 사놓은 주식을 팔지 않고 그대로 두면 된다. 언젠가는 다시 오를 테니. 그러면 그때 가서 팔면 되는 것이다.

일찍 일어나 장례식장에 다녀오느라 좀 피곤했는지 졸음이 밀려온다. 딱 한 시간만 자고 일어나서 책을 읽어야겠다. 그래야 다음 번 독서모임에서 제대로 발언할 수 있을 테니까.

11

오후에 은행에 들러 ATM에서 주식투자 수익금을 인출했다. 원래는 5만원만 뽑을 생각이었는데 그냥 6만원 다 뽑았다. 그런 다음 마트에 들러 그 돈으로 추석 때 집에 가져갈 사과선물세트를 샀다. 반찬으로 먹을 동그랑땡이랑 우유, 빵도 조금 사고. 앞으로 주식투자가 순조롭게 진행된다면 먹거리와 생필품을 구입하는 데 들어가는 돈을 상당히 줄일 수 있을 것 같다. 투자 수익금 전부를 먹는데 써버리면 안 되겠지만 말이다.

12

종우 어머니의 장례식에 다녀온 게 얼마 전인만큼 이번 추석에 집에 가면 부모님께 잘 해야겠다고 생각했었다. 그런데 그렇게 하지 못한 것 같다. 마음먹은 대로 못하는 게 내 성격인 것 같다.

명절에 가족과 만나면 하지 말아야할 얘기로 손꼽히는 게 정치 얘기다. 나는 평소에도 정치 얘기하는 걸 그리 좋아하지 않았고 당연히 집에 갔을 때 정치 얘기를 할 생각은 없었다. 그런데 어떻게 하다 보니까 기본소득 얘기가 나왔고 그것에 때문에 이런저런 말을 하다 아버지와 언쟁 아닌 언쟁을 하게 되었다.

아버지는 기본소득에 대해 돈 나눠주고 표 얻으려는 꼼수라고 했다. 그리고 그 결과로 세금은 엄청나게 오를 거라고 했고. 기본소득에 대해 아무 것도 모른다는 걸 증명하는 발언이었다.

솔직히 말하자면 나는 기본소득 같은 정책에 반대하고 가짜 뉴스 따위에 휘둘리는 아버지가 이해되지 않는다. 기본소득에 대한 논의가 활발해진 것이야 말로 미세먼지 없는 아침과 더불어 코로나19가 가져다준 몇 안 되는 긍정적인 효과라고 할 수 있지 않을까?

"기본소득 성격을 지닌 1차 재난지원금이 지급되었을 때 나타났던 경제효과를 보셨잖아요. 3개월 이내에 소멸되는 지역화폐로 지급하니까 어려운 사람들 유용하게 쓰고 골목상권 살아나고, 얼마나 좋아요."

"잠깐은 좋지. 근데 그게 다 세금이야. 세금 올려서 나눠주고 인기 끌려고 하는 거라고."

"세금으로 인기 끌려고 한다고 하셨는데, 저는 그렇게 한다면 세금으로 인기 끄는 것도 나쁘지 않다고 생각해요. 세금이란 게 어차피 국민을 위해 쓰려고 걷는 거잖아요. 국민을 위해 쓰려고 걷는 세금으로 국민을 위해 쓰겠다는데 뭐가 문제에요?"

"그렇게 나눠줘 버리면 다른 곳에 써야 할 돈을 못 쓰니까 문제지."

"다른 곳에 써야한다고요? 그 다른 곳이 어딘데요? 대기업 지원? 공무원 임금 인상? 보도블럭 교체? 그런 용도로는 이미 충분히 써 왔잖아요. 코로나로 모두가 힘든 지금 같은 때 모든 사람에게 기본소득 개념으로 10만원, 20만원씩 지급하면 사람들이 심리적으로 위로도 받고, 그걸로 쌀도 사고 고기도 사고 과일도 사고해서 자영업자들 매출 올라가고, 그 매출 중에 10퍼센트는 부가세로 다시 환수되고, 모두가 다 좋잖아요. 솔직히 말해서 저는 30년 가까이 살면서 지난번 1차 재난지원금 받았을 때처럼 국가에서 나를 도와주고 챙겨준다는 느낌을 받은 적이 없어요. 군대 있을 때 생각하면 그렇게 부려 먹으면서 월급이라고 9만원 주고, 그게 제가 가지고 있던 국가에 대한 이미지인데 이번에 재난지원금 받으면서 "아, 그렇지 않구나. 나라가 나를 생각하는구나." 그런 마음이 들었다고요. 대기업이 부도 위기에 빠지면 공적자금으로 몇 조씩 지원하면서 국민들이 어려울 때 20만원 주는 것 가지고 뭐라고 한다면 대체 국가는 누구를 위해서 존재하는 건지 물을 수밖에 없지 않겠어요?"

그래도 아버지는 막무가내였다. 그런 식으로 나랏돈을 마구 퍼주다 보면 국가부도를 맞게 될 거라고 했다.

"그리고 내가 볼 때 지금 정부는 코로나 사태를 정치적으로 이용하고 있어."

"정치적으로 어떻게요?"

"확진자 수 발표하는 거 봐봐. 수돗물 틀었다 잠갔다 하듯 자기들이 필요할 때는 올리고 그렇지 않을 때는 내리고."

"그게 가능한 일이라고 생각하세요?"

"유튜브 보니까 그런 말하는 사람이 있더라."

당황스러웠다. 이 정도까지 가짜 뉴스에 휘둘리고 계실 줄은 생각도 못했는데.

"우리나라의 민주주의가 그런 조작이 가능한 수준은 넘어섰다고 생각해요."

"그럴 수도 있다, 그런 얘기야."

대화는 검찰총장과 법무부 장관의 갈등에 대한 것으로 넘어갔다. (어머니가 몇 번이나 이제 그만 하시고 밥 드시라고 했지만 소용없었다) 그리고 계속해서 감사원의 원전 감사로 넘어가려는 순간 초인종 울리는 소리가 들려왔다. 나는 몸을 일으켜 현관으로 갔다. 초인종을 누른 사람은 사촌형 준성이었다. 그의 손에는 선물세트가 들려있었다. 나는 어서 들어오라고 말하며 선물세트를 받아 들었다.

"작은아버지는 집에 계시지?"

"어, 식사하시는 중이서."

등 뒤에서 아버지의 목소리가 들렸다.

"이게 누구야, 여보, 준성이 왔어."

사촌형이 고개 숙여 인사하자 아버지는 점심은 먹었느냐며 우리는 지금 먹고 있는데 같이 먹자고 했다. 사촌형은 먹고 왔다고 했다.

"어머니는 잘 계시고?"

"네, 잘 지내고 계세요. 작은아버지랑 작은어머니는 건강하시죠?"

"그럼. 자, 여기 앉아라. 앉아서 얘기하자."

"네, 근데 그 전에 손 좀 씻고 올게요."

"어, 그래. 그래야지. 여보, 여기 준성이 식사 좀 준비해줘."

"아니에요, 밥을 먹고 와서⋯."

어머니가 그래도 조금만 더 먹으라고 했지만 사촌형은 배가 불러서 밥은 못 먹겠다고 했다.

"그럼 과일이라도 좀 먹을래?"

어머니의 말에 아버지는 "그래, 사과 좀 깎아줘. 준오가 어제 사가지고 왔는데 맛이 아주 좋아."하고 말했다. 사촌형은 알겠다고 대답한 후 화장실로 갔다. 갑작스런 그의 방문으로 아버지와 나의 언쟁은 그 정도로 막을 내렸다.

화장실에서 나온 사촌형이 식탁의 빈자리에 앉자 아버지가 물었다.

"요새 코로나 때문에 많이 힘들지?"

사촌형은 안양의 한 빌라에서 공부방을 운영하며 혼자 살고 있었다. 딱 한번 그곳에 가본 적이 있는데 방 세 개에 부엌과 화장실이 있는 낡은 빌라였다. 침대가 놓인 제일 작은 방

하나를 제외한 다른 두 방에는 각각 커다란 책상과 의자 대여 섯 개, 화이트보드가 하나씩 갖춰져 있었는데 그곳이 수업이 이루어지는 강의실이었다. 수업은 매주 월요일부터 금요일, 오후 5시에서 저녁 10시까지 진행된다고 했다. 중학교 2, 3학년 아이들 12명이 그의 제자였는데 그의 말로는 하나 같이 다 꼴통들이라고 했다. 그가 가르치는 과목은 영어였고 수학은 선생님을 한 분 채용해 가르치고 있었다. 그렇게 아이들을 가르치고 받는 수업료는 한 달에 17만원. 12명에 17만원을 곱하면 204만원, 수학도 함께 배우는 아이들에게-영어만 배우는 아이들이 절반쯤 되는 것 같았다-받는 수학 수업료의 80퍼센트는 수학선생님에게 준다고 했다. 그리고 남는 돈은 20만원 정도? 그게 그가 벌어들이는 수입의 전부였다. 물론 이 모든 건 코로나19가 출현하기 전의 일이다.

"한 달 전에 같이 일하시는 선생님이 코로나 확진되셨어요. 그래서 공부방 닫고 밀접 접촉한 아이들은 다 자가격리 되고, 난리도 아니었어요."

"너는 괜찮았어?"

"네, 다행히 저는 음성 판정받았어요. 아이들도 다 마스크를 착용하고 있어서 음성으로 나왔고요."

"다행이네."

"네. 근데 그 일이 있고 나서 그만 둔 애들이 좀 있어서…."

"그렇구나…. 그럼 지금 있는 애들은 몇 명이나 돼?"

"8명이요."

"8명? 8명으로 운영이 돼?"

"어떻게 간신히 하고는 있는데 걱정이에요."

"고생이 많네…." 어머니가 안타까운 듯 혀를 차며 말했다. "빨리 이놈의 코로나가 끝나야 할 텐데…."

아버지는 큰아버지가 돌아가신 후 고향인 충주로 내려가 살고 있는 큰어머니의 안부에 대해 물었다. 사촌형은 큰어머니 친정 식구들이 근처에 살고 있어서 도움을 많이 준다고 했다.

식사를 마치고 30분이나 지났을까, 사촌형이 가봐야 할 것 같다고 했다.

"벌써? 벌써 간다고? 좀 더 있다가 가. 온지 얼마나 됐다고."

"그러면 좋겠는데, 일이 있어서요."

"추석 때도 일이 있어?"

"네, 뭐 좀 처리해야 할 일이 있어요."

"그래? 그럼 어쩔 수 없지…."

어머니가 쇼핑백에 무언가를 담아가지고 와 말했다.

"별거 아닌데 가져가서 먹어."

"괜찮은데…."

"어머니한테 안부 전해드리고."

"네, 그럴게요."

사촌형은 어머니가 건네 준 쇼핑백을 받아들고 현관으로 갔다.

"가보겠습니다. 나오지 마세요."

나오지 말라고 했지만 나는 신발을 신고 집밖으로 나와 그를 배웅했다. 거의 1년 만에 보는 것 같은데 그렇게 헤어지는 게 조금 아쉬웠기 때문이다. 어린 시절, 사촌형과 나는 꽤 친했었다. 대학을 졸업한 이후론 자주 만나지 못해 예전만 못하지만 말이다.

"차 가져왔어?"

내 물음에 그는 "어."하고 대답했다. 우리는 그의 차가 주차되어 있는 골목을 향해 걸으며 금방이라도 비가 내릴 것 같이 흐린 날씨에 대해 얘기했다. 그런데 그가 갑자기 무슨 생각이 떠오른 듯 말했다.

"혹시 지금 시간 괜찮아? 괜찮으면 이 근처에서 커피라도 한 잔 할래?"

"가서 할 일 있다고 하지 않았어?"

"그렇긴 한데, 조금 늦게 시작해도 돼."

뭔가 하고 싶은 말이 있는 눈치였다. 나는 잠시만 기다려주면 집에 가서 마스크를 챙겨가지고 나오겠다고 했다. 그는 오른쪽 골목 끝에 차가 주차되어 있다며 그리로 오라고 했다. 마스크를 들고 그가 말한 곳으로 가니 중고로 구입해 4년 넘게 탄 그의 차 구형 아반떼가 눈에 들어왔다.

"쉬어야 되는데 내가 괜히 시간 뺏는 거 아니지?"

나는 아니라고 대답했다.

"그럼 다행이고. 아무래도 어른들 계시니까 편하게 얘기하기가 어렵네."

우리는 골목을 걸어 나와 대로변에 있는 카페로 갔다. 그는 어떤 걸로 마실 거냐고 물었고 나는 그의 주머니 사정을 생각해 아메리카노로 마시겠다고 했다. 그는 아메리카노와 바닐라라떼를 주문했다. 주문한 음료는 금방 나왔다. 그는 빨대를 만지작거리며 실없는 농담을 몇 마디 한 후 나의 향후 계획에 대해 물었다. 나는 당분간은 실업급여를 받으며 자유롭게 지낼 거라고 대답했다. 그는 그런 내가 부럽다고 했다.

"올 초에, 코로나 유행하기 전에 수영장에서 만난 아주머니가 소개시켜주고 싶은 여자가 있다고 해서 만난 적이 있어."

"그래? 그래서 어떻게 됐는데?"

"만나서 밥 먹고 바로 헤어졌어."

"왜? 별로였어?"

사촌형은 대답하지 않고 마스크를 내린 후 바닐라라떼를 한 모금 마셨다. 나도 마스크를 내리고 아메리카노가 든 플라스틱 컵을 집어 들었다. 잠시 침묵이 이어졌다. 그러다 그가 불쑥 말했다.

"서른넷이라는데 얼굴이 너무 아줌마 같은 거야."

"누가?" 나도 모르게 웃음이 터져 나왔다. "만났다는 여자가?"

"웃지 마, 너도 그 자리에 있었으면 똑같이 생각했을 거야."

그가 그렇게 느꼈다면 나도 비슷하게 느꼈을 거다.

"근데 다음날 그 아가씨한테서 문자가 왔어. 만나자고. 자기가 밥 사고 싶다고 그러더라고."

"그래서 뭐라고 했어?"

"됐다고 그랬어."

"됐다고? 진짜 그렇게 문자 보냈어?"

"어."

"상처 받았겠는데…."

"어쩔 수 없잖아, 마음에 안 드는데 어떡해."

"그렇긴 하지."

"이젠 거의 포기상태야."

"뭘?"

"결혼."

"소개팅 한번 실패했다고 너무 극단적으로 생각하는 거 아니야?"

"그 일 때문에 그러는 거 아니야."

"그럼?"

"현실적으로 봤을 때 가능성이 없잖아."

"결혼이?"

사촌형은 고개를 끄덕였다.

"내가 좋아할만한 여자는 나를 좋아해줄 가능성이 없잖아. 그러니까 끝난 거야. 가능성 제로, 끝난 거라고!"

"앞일은 모르는 거지. 또 알아? 갑자기 어디서 형이 좋아하고 형을 좋아해주는 사람이 나타날지?"

"그런 꿈같은 일이 일어나겠어? 내가 좋아하는 여자는 예쁘고 몸매 좋고, 알잖아? 그런 여잔데, 그런 여자가 나를 좋아해주겠냐고."

"형이 뭐 어때서?"

"알잖아, 서른여섯에 월 200도 못 벌고, 집도 월세로 살고 있고."

"그래도 형은 자기 사업을 하고 있잖아."

"공부방이 무슨 사업이냐."

"사업이라고 하기엔 좀 그렇지만 어쨌든 형은 아이들 가르치는 거 좋아하고 좋아하는 일 하고 있잖아."

"그것도 다 옛날 얘기야. 사교육시장에서 애들 가르치는 거, 비전이 없어. 언제까지 할 수 있을지도 모르겠고…. 코로나도 코로나지만 코로나가 사라져도 이 일은 미래가 없어. 막말로 지금 있는 애들 중학교 졸업하면 계속 유지할 수 있을지도 미지수야."

"그래도 벌써 일 년 넘게 잘 해오고 있잖아. 애들 모집하는 거야 그때 가면 또 방법이 있겠지. 지금 하고 있는 일에 대해서 너무 하찮게 생각하지 마, 형은 충분히 잘 해오고 있는 거라고."

"남아있는 8명 중에 2명이 내년에 고등학교 올라가. 고등학교 영어도 어떻게 준비해서 가르치면 가르칠 수 있겠지만 내 생각엔 고등학교 들어가면 개네들 엄마가 더 큰 학원으로 보낼 것 같아. 그러면 6명 남는데 6명이면 월세 내고 공과금 내고 생활비 확보하기도 빠듯할 거야."

나는 속으로 6 곱하기 17을 계산해보았다. 진짜로 월세랑 생활비도 안 될 것 같았다.

"친구 중 하나가 IT쪽에서 일하는데 월 500씩 받는다고 하더라고. 연봉으로 따지면 6,000이야. 걔는 6,000씩 벌고 있는데 나는…. 어쩌다가 내가 이렇게 됐을까?"

사촌형은 플라스틱 컵을 바라보며 한숨을 내쉬었다. 또다시 침묵이 찾아왔다.

"이렇게 될 줄은 몰랐다."

"뭐가?"

"낼모레면 서른일곱인데 결혼도 못하고…."

"눈을 좀 낮추는 건 어때?"

"이미 낮춘 지 오래다. 그리고 솔직히 말해서… 내가 못생기진 않았잖아. 나는 그냥 서로 비슷한…."

내가 보기에도 그의 외모는 괜찮았다. 키도 180이 넘었고.

"그게 그렇게 큰 욕심이야? 서른셋, 서른넷에, 적당히 예쁜 그런 여자랑 만나고 싶은 게? 너는 어떤데? 너는 외모가 마음에 들지 않아도 만날 수 있어?"

"그렇지는 않지."

"봐봐, 너도 그렇잖아."

할 말이 없었다.

"그니까 다 끝난 거라고. 가능성 제로! 젠장."

그렇게 말하는 그가 우스우면서도 안쓰럽게 느껴졌다.

"얼마 전에 꿈을 하나 꿨어." 그는 얼마 남지 않은 바닐라라떼를 다 마신 후 말했다. "그 꿈에서 중학교 때 좋아했던 여자애가 나왔는데…"

그의 중학교 시절 첫사랑 얘기는 예전에도 몇 번 들은 적이 있다. 서로 좋아하는 감정이 있었지만 갑작스런 이사로 헤어지게 된 그와 그녀. 시간이 흘러 스무 살의 가을날 우연히 다시 만난 그들. 그러나 그녀의 곁에는 이미 남자친구가 있었다. 그런 얘기였다.

"걔가 많이 아팠어. 나는 걔를 낫게 하기 위해 어떤 의사 같은 사람을 찾아갔는데 그 사람이 나를 만나주지 않는 거야. 그래서 그 사람이 있는 건물 앞에서 고래고래 소리를 지르며 만나달라고 했어. 그러니까 의사 대신 어떤 남자가 나오더니 그 의사는 병을 고칠 수 없다고 그랬어. 내가 왜 못 고치냐고 물으니까 그 병은 그 의사뿐만 아니라 누구도 고칠 수 없는 병이라고 했어. 그래서 내가 그럼 어떻게 해야 하느냐고, 뭔가 방법이 있지 않겠느냐고 하니까 방법이 하나 있는데 그것은 나도 그 병에 걸리는 거라고 했어. 나도 그 병에 걸리는 게 어떻게 해결책이 될 수 있느냐고 물으니까 그 남자는 그건 해결책이 아니라 내가 그 애와 함께할 수 있는 유일한 방법이라고 했어. 나는 그것이 유일한 방법이라면 그렇게 하겠다고 했어. 그러자 그 남자는 나를 어떤 성 같은 곳으로 데려갔어. 동화책에 나오는 성 같은 곳에. 성안은 어두컴컴했어. 아무도 살지 않는 것 같았고 습기와 이끼 같은 것만 존재하는 것 같았어. 남자는 촛불을 하나 들고 계속해서 안으로 걸어 들어갔어. 나는 남자의 뒤를 따라 잘 보이지 않는 길을 더듬거리며 걸어갔어. 남자는 계단을 내려가 어딘가로 갔어. 계단은 이끼가 껴서 미끄러웠어. 나는 조심해서 한발 한발 내딛었어. 그렇게 한참 계단을 내려가고 있는데 어디선가 짐승소리 같은 게 들려왔어. 나는 공포에 질려 남자에게 대체 어디로 가는 거냐고 물었어. 남자는 뒤도 돌아보지 않고 계속 따라오라고만 했어. 그런데 갑자기 어디선가 박쥐떼가 날아왔어. 나는 기겁하며 몸을 숙였고 박쥐들은 끔찍한 소리를 내며 나를 스치고 지나갔어. 나는 도와달라고 고함을 질렀어. 하지만 남자는 내 목소리가 들리지 않는 것처럼 계속해서 어딘가로 갔어. 나는 박쥐떼를 뚫고 남자를 뒤쫓아야한다고 생각했어. 그래서 계단을 달려 내려갔는데 그러다 이끼에 미끄러졌어. 다시 일어나 계단을 내려가려는데 계단은 없고 어떤 숲 같은 데 도착해 있었어. 숲도 성과 마찬가지로 어두웠는데 하나 다른 건 하늘에 달이 떠있다는 거였어. 보름달이었는데 노랗다기보다는 빨갰어. 나는 주위를 두리번거리며 아까 그 남자를 찾았어. 하지만 남자는 보이지 않았어. 나는 미친 듯이 이리저리 뛰며 소리쳤어. 어디 있냐고. 내가 어디로 가야 되는 거냐고. 아무런 대답도 없었어. 가도 가도 시커먼 나무들만 계속해서 나타날 뿐 나를 도와줄 사람은 보이지 않았어. 그때 내 심정은 꼭 이랬어. 나는 낙오되었구나. 내 인생은 이렇게 숲속을 헤매다 끝나는구나. 그런데 저쪽 멀리서 불빛 하나가 보였어. 나는 소리지르며 그쪽으로 달려갔어. 불빛은 나를 기다려줬어. 가까이

다가가서 보니 어떤 할아버지가 등을 들고 서 있었어. 윤정이도 같이 있는 것 같았어. 나는 윤정이에게 말했어. 다 나은 거냐고? 그러니까 등을 들고 있던 할아버지가 대답했어. 네가 대가를 지불해서 다 나았다고. 나는 그게 무슨 소리냐고 물었어. 아무 것도 한 게 없는데 대가를 지불했다니. 그러자 그 할아버지가 웃으며 말했어. 너는 계속해서 살아있었고 살아있는 게 바로 대가를 지불하는 거라고. 대략 그쯤에서 깼어. 아니, 뭔가 더 있었는데 기억이 안 나는지도 모르지. 어쨌든 그 할아버지가 했던 마지막 말은 분명히 기억나. 살아있는 게 대가를 지불하는 거라는 말. 그건 이상할 정도로 또렷하게 기억나."

"그냥 개꿈 꾼 거 아냐?"

"그럴지도. 근데 자꾸 생각이나."

"꿈이?"

"아니, 그 말이."

"살아있는 게 대가를 지불하는 거라는 말?"

"어. 어쩌면 내가 말한 꿈의 내용은 내가 지어낸 건지도 몰라. 꿈이라는 게 꾸고 나서 얼마 지나면 희미해지잖아. 그러니까 내가 의사를 찾아간 것도 아니고 성에 간 것도 아니고 박쥐 떼를 만난 것도 아닐 수 있어. 그런데 윤정이랑 윤정이 옆에 있던 할아버지는 확실해. 살아있는 게 바로 대가를 지불하는 거라는 말도."

"살아있는 게 대가를 지불하는 거다? 뭐야, 그냥 살아있기만 하면 된다는 거야?"

"나도 몰라, 근데 생각이 나."

창밖으로 비가 한두 방울씩 떨어지기 시작했다. 우산을 챙겨올 걸 하는 후회가 들었다. 사촌형은 꿈 얘기 이후론 더 하고 싶은 말이 없는지 창밖만 바라보았다.

다행히도 비는 많이 내리지 않았다. 우리는 얼마쯤 더 그곳에 있다 빗발이 약해졌을 때 자리에서 일어났다.

13

나는 사랑이 시작되었음을 알리는 첫 번째 증상이 상대에 대한 이상화라고 생각한다. 이상화가 일어나지 않으면 연애는 시작될 수 없다. 다른 사람은 몰라도 나는 그렇다. 살면서 딱 한번 이상화가 일어나지 않은, 그러니까 내 쪽에서 그다지 매력을 느끼지 못한, 그러나 나를 아주 많이 좋아해주었던 여자랑 사귄 적이 있다. 결과는 고통스러웠다. 데이트를 위해 집을 나설 때마다 설레지 않는 가슴에 괴로웠다. 문제는 상대는 그런 나를 좋아했다는 것이다. 나는 그럴수록 더 괴로웠다. 아마도 이건 경험해본 사람만 이해할 수 있을 거다. 결국 어쩔 수 없이 두 달 만에 내 쪽에서 이별을 통보했다. 우려했던 바와는 달리 이별은 순탄하게 이루어졌다. 그것은 나에게 아주 교훈적인 사건이었다.

그런 경험이 있었기에 나는 사촌형의 말을 이해할 수 있었다. 그 또한 이상화가 일어나지 않으면 연애를 시작할 수 없는 것이다. 상대가 자신을 좋아해줘도 말이다.

하지만 그것은 따지고 보면 아주 웃긴 일이다. 왜냐하면 이상화라는 것 자체가 일종의 허구이기 때문이다. 나는 내가 이상화시킨 대상이 절대로 내가 이상화시킨 수준의 존재가 아니라는 것을 안다. 그럼에도 나는 상대를 그런 수준으로 생각하기를 원한다. 왜냐하면 상대가 그렇다고 느낄 때 그녀를 향한 내 감정이 더욱 가치 있는 것으로 느껴지기 때문이다. 그러니까 이상화는 나에게 있어서 반드시 필요하다. 그것이 거짓이라는 걸 알면서도 말이다. 물론 그것은 완전한 거짓은 아니다. 내가 이상화시킨 대상은 분명 어느 정도 내가 이상화시킨 자질을 지니고 있으니까.

그런 이상화가 일어나지 않으면 연애는 시시해진다. 아니, 불가능해진다. 나는 이것이 사랑의 아이러니라고 생각한다. 진짜 상대를 사랑하는 것이 아니라 자신이 만들어낸 상대의 이미지를 사랑하는 것 말이다. 그러나 어쨌든 그렇게 이상화된 상대가 나의 구애를 받아준다면 그 순간은 더없이 행복하다. 그 순간만 행복한 게 아니라 적어도 한동안은 행복하다. 그렇게 한 달이 가고 두 달이 간다. 시간이 흐를수록 내가 이상화시킨 상대의 모습은 환상임이 드러난다. 물론 나는 그 사실에 실망한다. 하지만 애초에 그렇게 될 것을 알고 있었던 거 아닌가? 물론 알고 있었다. 알고 있으면서도 관계를 진행시킬 수밖에 없었던 건 이상화된 상대가 너무도 매력적이고 그런 매력적인 존재에게 다가가고 싶다는 욕구를 제어할 수 없기 때문이다. 결국은 실망스러운 결론에 다다르게 될 것을 알면서도 말이다. 그런데 나는 왜 어떤 특별한 여자에게만 그런 이상화의 욕구를 느끼는 걸까? 이상화를 유발시키는 핵심적인 자질이 존재하는 걸까? 그것은 무엇인가? 아름다운 외모? 아마도 그럴 것이다. 아름다움이 충분하지 않다고 느껴지면 좀처럼 이상화가 일어나지 않으니까.

아름다움에 대한 얘기가 나왔으니 말인데 〈코로나 시대의 사랑〉에 관해 이야기 나눴던 모임에서 그녀가-민아 말이다-했던 말이 떠오른다. 우리 사회에서 여성의 몸은, 외모는 일종의 상품으로 대상화되었다고 했던 말이. 그녀는 이런 식으로 얘기했다.

"미디어는 쉼 없이 이상적인 여성의 신체 이미지를 제시하죠. 이런 환경에서 자라난 여성은 자신도 모르는 사이에 여성의 신체에 대해 대상화하는 남성들의 관점을 내면화하게 돼요. 그리고 그 결과 여성들에게는 끊임없는 다이어트와 성형수술, 외모에 대한 강박이 자리 잡게 되죠."

충분히 수긍 가는 발언이라 토를 달지 않았다. 그녀는 계속해서 말했다.

"여성 개개인에 대한 평가가 외모에 따라 좌우되는 사회가 바람직한 사회라고 생각하시나요? 저는 그렇지 않다고 생각해요. 여성에 대한 평가는 보다 다양한 측면에서 이루어져야 해요. 신체, 외모, 성적 매력이 아니라 다른 자질들, 지성, 판단력, 친화력, 업무수행능력, 배려심 같은 것들로요!"

다시 한 번 말하지만 충분히 동의되는 의견이었다. 나 또한 그런 다양한 기준으로 여성을 판단하기를 원한다. 그런데 그게 잘 안 되는 걸 어쩌란 말인가. 연애의 대상이 아닌, 일 때문에 함께하게 된 여성에 대해서라면 나도 외모보다 업무수행능력, 판단력을 중요하게 여긴다. 그러나 연애에 있어서는 다르다. 연애감정을 느끼기 위해 나에게 필요한 것은 이상화인데 외모가 마음에 들지 않으면 이상화가 일어나지 않기 때문이다.

나는 다수의 남자들도 나와 비슷할 거라고 생각한다. 그러니까 남자들은 외모가 아름다운 여성에게 끌리도록 만들어졌을 거라고 생각한다. 진화의 과정에서 그렇게 됐든 신이 그렇게 만들었든 말이다.

어쩌면 이런 생각을 하고 있는 지금 이 순간에도 내 머릿속에선 끊임없이 이상화가 일어나고 있는 중인지 모른다. 지은과 민아, 그녀들에 대한 이상화 말이다. 조금 전 그녀들의 카톡 프로필 사진을 보았는데 사진 속의 그녀들은 둘 다 마스크를 쓴 채 어딘가를 응시하고 있었다. 그녀들은 무엇을 보고 있는 걸까? 또 나는 무엇을 보고 있는 걸까?

14

    오늘 있었던 마지막 모임은 나에게 혼란을 가져다준 시간이었다. 혼란은 그녀, 민아가 모임에 오지 않았다는 사실에서 초래되었다. 사실 그녀의 불참은 어느 정도 예정된 것이었다. 어제 저녁 늦게 그녀가 우리 모임의 단체 채팅방에 내일모레 시험이 있어 모임에 참석하지 못할 수도 있다는 글을 남겼기 때문이다. 하지만 그것은 어디까지나 참석하지 못할 수도 있다는 것이었고 최대한 참석하도록 노력하겠다는 문장이 덧붙여져 있었던 만큼 그녀의 얼굴을 볼 수 있을 거라는 기대는 모임 직전까지 계속되었다. 그러나 그녀는 결국 나타나지 않았다. 마지막 모임에 오지 않음으로써 그녀는 모임 종료 후 내가 어떻게 해야 할지에 대한-그녀에게 다가가야 할지 그러지 말아야 할지에 대한-혼란을 초래했다. 아직도 나는 어떻게 해야 할지 모르겠다. 뭐 2, 3일이 지나면 어떤 식으로든 결정을 내리게 되겠지만 말이다.

    혼란의 또 다른 원인이 있었는데 그것은 또 다른 그녀, 지은이었다. 그녀는 오늘 아주 아름다웠다. 특별히 단장을 하고 온 것도 아니었는데 나는 그것을 분명히 느꼈다. 그녀는 지난주에 가벼운 목감기 기운이 있어서 오지 못했다고 했다. 그리고 지금은 다 나았다고 했다. 지금 같은 시기에 목감기에 걸렸다면 외출하지 않는 게 예의인 만큼 이해할만한 불참이었다.

　오늘 이야기 나눈 책의 제목은 〈청년과 주거빈곤〉이었는데 어느 정도는 내 상황과도 연관성이 있어 집중해서 읽었다. 특히 대안을 제시하는 부분을.

　"통계청이 발표한 2019년 주택소유통계에 따르면 지난해 11월 1일을 기준으로 주택을 5채 이상을 보유한 사람이 11만 8,062명이라고 해요. 10채 이상 보유한 사람은 4만 2,868명이고요. 이런 통계를 보면 어떤 생각이 드시나요?"

　진행자의 물음에 민진이 대답했다.

　"저는 고향이 부산이고 서울에 올라온 지 3년이 다돼가는데 저런 통계를 보면 허탈해져요. 누구는 집이 없어서 매달 월세 내고, 계약기간 끝나면 이사 가야 하는데 누구는 혼자서 집을 10채씩이나 가지고 있고⋯."

　"실례지만 현재 월세로 살고 계신가요?"

　"네."

　"월세로 한 달에 얼마정도 지출하고 계세요?"

　"50만원이요."

　"월급에서 상당부분이 주거관련 지출로 빠져나가겠네요."

　"그렇죠. 거기다 관리비랑 가스, 수도, 전기 요금도 있고."

　월세로 사는 사람들은 다 공감하겠지만 월세 살면서 돈을 모으는 건 힘든 일이다. 급여의 4분의 1이 만져보지도 못한 채 사라지는데 어떻게 돈을 모을 수 있겠는가.

"말씀드렸다시피 현재 우리나라에서 주택을 10채 이상 보유하고 있는 다주택자는 4만 2,000명이에요. 이 4만 2,000명이 딱 10채씩만 집을 가지고 있느냐면 당연히 그렇지 않죠. 가장 많이 보유한 사람이 753채였던가, 그 정도를 가지고 있어요. 두 번째로 많이 가진 사람이 590채, 세 번째가 580채 정도고요. 이 세 사람이 가진 집만 해도 1,900채죠. 그러니까 다주택자 4만 2,000명이 가진 집은 분명히 42만채를 넘겠지만 그래도 그냥 이 세 사람을 포함한 4만 2,000명 모두가 일인당 10채씩만 집을 가지고 있다고 가정하면 42만채에요. 42만채의 집이 상상이 가세요? 아마 웬만한 광역시에 있는 주택 전체보다 더 많을 걸요. 우리나라의 주택보급률은 2018년 기준으로 104.2퍼센트에요. 모든 가구가 주택을 보유하고도 남을 만큼 주택공급이 이루어졌다는 얘기죠. 하지만 현실은 어떤가요? 작년 기준으로 전체 2,034만 가구 중 무주택 가구가 888만 가구에요. 주택 보급률이 100퍼센트를 넘었는데 전체 가구 중 43퍼센트는 집을 보유하지 못한 거죠. 이런 현실이 개선되지 않는 건 참 답답한 일이에요."

거기까지 말한 진행자는 갑자기 목이 타는지 마스크를 내리고 생수병을 입으로 가져갔다. 그도 월세로 꽤나 많이 뜯기고 있는 모양이었다. 단번에 생수병을 절반 가까이 비운 그는 마스크를 올리곤 계속해서 떠들기 시작했다.

"우리가 읽은 책에서 잘 서술하고 있듯 이런 현실에서 가장 피해를 보는 이들이 바로 청년세대에요. 청년세대는 사회

생활을 시작한 지 얼마 되지 않아 보유한 자본도 없고 임금도 낮은 수준인데 주거를 위해 매달 상당한 돈을 지출해야 하니까요. 그런 이유로 많은 청년들이 임대료가 싼 반지하, 고시원, 옥탑방 등을 전전하고 있지요. 저는 이런 현실을 볼 때마다 너무 안타까워요."

나 또한 안타깝게 생각하는 바이다. 허나 어쩌겠는가, 세상이 그렇게 생겨먹었는데.

"여러분은 책에서 제시한 대안에 대해 어떻게 생각하세요? 다주택 보유자들에 대한 징벌적 과세, 공공임대주택의 확충, 청년을 대상으로 한 보편적 주거수당 지급, 쉐어하우스를 비롯한 다양한 대안적 주거형태 개발, 그리고 또 뭐가 있었죠? 아, 지역 거점도시 육성을 통한 수도권 인구 분산도 있었네요. 이런 대안들에 대해 어떻게 생각하시나요? 이 중 어떤 정책이 가장 효과적일 거라고 생각하시나요?"

"저는 청년들에게 주거수당을 주는 정책이라고 생각해요." 예은이 차분한 목소리로 말했다. "임대주택을 새로 짓고 쉐어하우스를 늘린다고 해도 그렇게 늘어난 주택의 양은 제한적이라 혜택을 볼 수 있는 청년은 소수일 텐데, 그보다는 모든 청년들에게 월 10만원씩 주거수당을 주는 게 나을 것 같아요. 그럼 그만큼 월세 부담이 주는 거니까요."

"다른 분들은 어떻게 생각하세요?"

민진이 대답했다.

"저는 다주택자들에게 걷는 세금을 지금보다 더 높여야 한다고 생각해요. 보유한 주택 수가 늘어날 때마다 기하급수적으로요. 그래서 한 사람이 집을 500채씩 갖는 일 자체를 불가능하게 해야 한다고 생각해요."

그런 뻔한 얘기들이 계속됐다. 그런데 진행자가 갑자기 나를 지목하더니 물었다. 준오씨는 어떻게 생각하느냐고.

"저요? 저는 음… 자본주의 사회에서 어쩔 수 없이 나타나는 현상인 것 같아요. 그래서 그런 현상이 좋다는 건 아니고… 개선을 해야겠죠. 개선 방법은 뭐 다주택자가 가진 집을 토해내게 만드는 건데, 쉽지는 않을 거예요. 저항이 클 테니까요. 근데 혼자서 700채나 가진 건 진짜 너무 했네요. 그런 일이 가능하다는 게 참…. 불가능하게 만들어야 하는데 그러면 또 시장의 자율성을 침해하네, 사회주의네 하겠죠. 어려운 일인 것 같아요. 아마 앞으로도 꽤 오랜 시간 동안 지금 같은 상황이 계속되지 않을까 싶어요. 인구가 몇 백만 줄어드는 30, 40년 후면 달라질지도 모르겠지만."

그런 내 횡설수설에 진행자는 고개를 끄덕거렸다. 마치 내 말에서 무엇인가를 깨달은 것 같은 얼굴로.

이어서 우리는 현재 자신이 살고 있는 집에 관해 얘기를 나누었다. 밤늦게 여자 혼자 엘리베이터를 탈 때의 불안함, 층간소음으로 인한 스트레스, 코로나로 재택근무를 했을 때 집이 너무 비좁아 답답했다는 이야기, 방에 화분을 놓은 후 달라진 분위기 등에 대한 얘기가 나왔다. 나는 수압이 너무 약해서 샤워할 때마다 짜증스럽다는 얘기를 했다. 몇 사람이 내 고충을 이해한다는 듯 동감을 표해주었다.

모임은 조금 늦게 끝났다. 마지막이라는 상황 특유의 아쉬움이 작용해서였으리라. 모임을 마치고 진행자인 소설가에게 그동안 즐거웠다고, 수고 많으셨다고 인사하자 그는 한 번도 빠지지 않고 참석해주어서 고맙다고 했다. 고맙긴, 그러려고 돈 낸 건데.

지은과 함께 강남역을 향해 걸으며 이런저런 대화를 나눴다. 그녀는 요즘 조금 지친다고 했다.

"왜요? 회사 일 때문에요?"

그녀는 고개를 저으며 말했다.

"아니요, 코로나가 계속 되는 것도 답답하고 그냥 여러 가지로 좀 그래요."

여자가 힘들어하거나 슬퍼하는 모습에는 독특한 매력이 있다. 그것은 남자의 보호본능을 자극한다. 돌봐주고 싶고 보듬어주고 싶은 본능 말이다.

"저도 그래요." 함께 걷고 있던 민진이 끼어들며 말했다. "진짜 언제까지 이렇게 마스크 쓰고 거리두기 하면서 지내야 하는지……."

나는 조만간에 백신이 나오지 않겠느냐고 했다.

"백신이 나와도 내년 말까지는 계속 지금처럼 살아야 할 거래요."

나도 그럴 거라고 생각한다. 하지만 굳이 그 말은 하지 않았다.

"지난주에 조카를 만났거든요. 4살인데 조그만 마스크를 쓰고 왔더라고요." 민진은 계속해서 말했다. "오빠한테 물어보니까 요즘에는 밖에 나가자고도 잘 안한데요. 코로나 때문에 계속 집에만 있었더니 안 나가는 데 적응이 된 것 같다고 하더라고요."

"슬픈 일이네요. 꼬마들이 밖에서 뛰어놀지도 못하고…."

우리는 지하철역 안으로 들어갔다. 열차가 오랫동안 안 왔는지 승강장엔 사람들이 많았다.

3분이나 기다렸을까, 열차가 도착했다. 우리는 열차 안으로 들어가 출입문에서 조금 떨어진 곳에 서서 얘기를 나눴다. 그런데 잠시 뒤 어디선가 우리의 대화를 압도하는 이상한 소리가 들려왔다. 그것은 어떤 남자가 계속해서 내뱉는 혼잣말이었다. 내용은 대충 이랬다.

"내가 그때 분명히 갈 거라고 그랬어. 그때 분명히 갈 거라고 했어. 그때 분명히, 분명히 갈 거라고 했어. 내가 그때, 그때 갈 거라고 했어. 분명히 갈 거라고, 갈 거라고 했어. 분명히. 내가 그때 분명히, 분명히, 분명히, 그때 갈 거라고, 갈 거라고 했어. 분명히 그랬어. 내가 그때…."

이런 말이 끝없이 이어졌다. 정말이지 "지금이라도 늦지 않았으니까 가시죠."하고 한마디 하고 싶었다. 남자는 한동안 그렇게 떠들다 사람들을 비집고 다른 칸으로 가버렸다.

"어딘지는 모르겠지만 정말 가고 싶으셨나 봐요."

민진의 말에 지은이 "그러게요."하고 대답했다.

곧 교대역에 도착했다. 민진은 4주 동안 즐거웠다며 또 볼 수 있었으면 좋겠다고 인사하고 열차에서 내렸다. 지은과 단둘이 되자 나는 그녀에게 말했다. 목요일 저녁마다 만나 이야기 나눌 수 있어서 좋았는데 이젠 그럴 수 없게 되어 아쉽다고. 그녀는 자신도 그렇다고 대답했다. 나는 그녀에게 다음에 기회 되면 커피라도 한잔 마시며 얘기 나누는 거 어떠냐고 물었다.

"우리 둘만요?"

"네, 모두 다 모일 수 있다면 좋겠지만 코로나 때문에 그러긴 힘들잖아요."

그녀는 잠시 생각하더니 좋다고 했다. 혹시라도 부정적으로 대답할까봐 가슴 졸였는데 좋다고 해줘서 기뻤다. 우리는 4주간의 모임에서 있었던 일들에 대해 회상하는 대화를 조금 더 나눈 후 헤어졌다.

그녀가 내린 뒤 언제쯤 그녀에게 연락해 만나자고 하는 게 좋을지 생각해보았다. 너무 빠른 것도, 그렇다고 너무 늦어지는 것도 좋지 않을 것 같아 일주일 뒤에 연락하기로 했다. 그 다음엔 만나면 무엇을 할지에 대해 생각했는데 그것은 좀처럼 원활하게 진행되지 않았다. 자꾸만 민아가 생각났기 때문이다.

'그녀와 나는 이렇게 영원히 작별하게 되는 건가? 마지막 인사도 나누지 못하고?'

그건 많이 아쉬운 일이었다. 적어도 작별 인사는 나눠야한

다는 생각이 들었다. 그래서 나는 그녀에게 작별 인사를 건네
기로 했다. 카톡으로.

> 오늘 못 오셔서 아쉽네요ㅜㅜ 다음에
> 기회 되면 한번 볼 수 있었으면
> 좋겠네요ㅎㅎ

　이렇게 짧게 보냈다. (짧긴 했지만 거기에는 작별 인사 이
상의 것이 담겨있었다. 그녀가 답을 준다면 다시 볼 수 있는
'다음 기회'에 대해 얘기를 이어갈 수 있을 테니까) 그녀는 내
가 집에 도착해 씻고 잠자리에 들 때까지도 내 메시지를 확인
하지 않았다. 뭐 내일 중으론 확인하겠지.

15

    일주일 뒤 나는 결심한대로 지은에게 연락했다. 혹시 다음 주에 시간 괜찮으면 만나서 커피라도 한잔하는 거 어떠냐고 했더니 그녀는 토요일 오후에 시간이 괜찮은데 어디서 보는 게 편하냐고 물었다. 나는 그녀가 편한 곳이면 어디든 괜찮다고 했다. 그녀는 그럼 자신이 사는 곳과 내가 사는 곳의 중간지점에서 만나는 게 어떠냐고 했다. 나는 그렇게 하자고 했다. 그리고 중간지점은 사당역이나 낙성대역 근처가 될 것 같은데 둘 중 한 곳에서 보는 게 어떠냐고 했다. 그녀는 사당역 근처에서 보자고 했다. 나는 좋다고 그럼 다음 주 토요일 오후 3시에 사당역 14번 출구 앞에서 만나자고 했다. 그녀는 알겠다고 대답했다. 그렇게 그녀와 만날 장소와 시간이 정해졌다. 이젠 흘러가는 시간을 즐기며 다음 주 토요일이 오기를 기다리면 되는 것이다.

    저녁을 먹고 양치를 하려는데 오래 써서 칫솔모가 양옆으로 누운 칫솔이 눈에 들어왔다. 집근처 마트에서 가서 하나 사와야겠다는 생각이 들었다. 그런데 그런 생각과 동시에 지난번 인출했던 주식의 수익금이 떠올랐다. (그걸로 마트에서 사과선물세트랑 빵을 샀던 기억 때문인가?) 주식 수익금이 떠오르자 삼성전자의 주가도 궁금해졌다. 내가 판 가격에서 올랐을지, 내렸을지 몹시 궁금해졌다. 그래서 양치를 마치고 바로 검색해보았는데 61,400원으로 올라있었다. 젠장, 조금만 더 됐다 팔 걸.

하지만 그런 후회와 동시에 어쩌면 아직 늦지 않았을지도 모른다는 생각이 들었다. 다시 50주를, 아니 가격이 올랐으니까 46주나 47주를 사면 일주일 뒤에 62,400원으로 오를 수도 있는 일 아닌가.

그러나 다시 생각해보니 급하게 살 필요는 없을 것 같았다. 며칠 관망하면 가격이 떨어질지도 모르니 말이다.

그건 그렇고 따져보니 벌써 일을 그만둔 지 두 달이나 지났다. 퇴사한 게 엊그제 같은데 시간이 참 빠르다. 남들은 일하러 간 낮 시간, 원룸에 있으면 이상한 기분이 든다. 점심을 먹고 음식물 쓰레기를 버리기 위해 밖에 나갔다 맞은편 빌라에 사는 백발의 삐쩍 마른 할머니와 마주쳤다. 그 할머니와 마주치면 인사를 하곤 했는데 언제부턴가 할머니는 내가 인사하면 이렇게 묻는다. "어디 가요?" 내가 음식물 쓰레기 버리려고요, 하고 말하면 할머니는 잘 들리지 않는지 다시 묻는다. "뭐라고?" 나는 손에 든 음식물 쓰레기봉지를 가리키며 다시 말한다. 음식물 쓰레기 버리려고요. 할머니는 내 말을 이해한 것 같기도 하고 아닌 것 같기도 하다. 나는 더 붙잡혀 있지 않으려고 발걸음을 옮긴다.

그렇게 점심을 먹고 양치를 하고 음식물 쓰레기를 내다버리거나 빨래를 하고 책을 좀 읽다보면 금방 오후 4시가 된다.

오후 4시는 햇살이 내 방에 깃드는 시간이다. 햇살은 방안의 모든 것들을 더 따듯하게 느껴지게 만든다. 햇살이 머무는 동안은 나의 볼품없는 작은 식탁과 노트북이 얹어진 책상도 화사하게 느껴진다. 때로는 그런 시간에 차를 한 잔 끓여 마시기도 한다. 그렇게 늦은 오후에 차를 마시며 방안으로 들어온 햇살을 바라보고 있으면 은퇴자가 된 기분이다. 아직 서른도 안 됐는데 은퇴자의 마음을 어떻게 알겠냐만 기분이 그렇다는 얘기다. 창밖으로는 간간이 거리의 소음이 들려온다. 자동차 지나가는 소리나 아이들의 웃음소리 같은 거. 출근해서 일하고 퇴근한 후 집에 돌아와 씻고 저녁 먹고 잠드는 사회인의 대열에서 이탈한 느낌은 낯설면서도 친근하다.

어느새 바깥은 어둠이 내려앉아 있다. 사람들은 퇴근해 하나둘 집으로 돌아온다. 열어놓은 창문으로 제육볶음 냄새가 들어온다. 나도 저녁 먹을 준비를 한다. 저녁을 먹고 설거지를 하고 나면 밤이다. 나는 밤을 좋아한다. 밤은 무언가에 집중하기 좋은 시간이기 때문이다. 밤에 책을 읽거나 영화를 보면 한낮에 같은 일을 하는 것보다 훨씬 쉽게 몰입하게 된다. 주위를 감싼 어둠이 하고 있는 일에만 온전히 집중할 수 있도록 돕기 때문일까? 아무튼 그렇게 저녁을 먹고 두세 시간쯤 책을 읽거나 인터넷을 하거나 영화를 보면 11시 반이 된다. 나는 대략 그 시간에 스탠드를 끄고 잠자리에 눕는다. 딱 그때가 좋은 것 같다. (10시 반은 너무 빠르고 12시 반은 너무 늦다) 눕고 나면 20분 안에는 잠에 빠지는 것 같다. 그리고 다음

날 아침 7시 조금 넘어 눈을 뜨는 것이다.

내 윗집에 사는 남자도 일을 그만두었는지 아니면 재택근무를 하는지 하루 종일 집에 있는 것 같다. 그래서 재활용품을 버리러 나갔다가 우편함에서 우편물을 챙겨가지고 들어올 때 그와 마주치면 묘한 동지애를 느낀다. 그도 그런 나의 마음이 느껴지는지 말없이 고개 숙여 인사를 건넨다. 우리는 제법 친밀한 이웃이라고 할 수 있을 것이다. 이름도 모르고 대화를 나눈 적도 없지만 말이다.

독서모임이 끝나고 정기적으로 외출해 누군가를 만날 일이 없어지면서 삶이 많이 단조로워진 것 같다. 빨리 다음 주토요일이 돼 그녀와 만났으면 좋겠다. 그러면 무언가가 분명해지리라. 그런 예감이 든다.

16

아침에 눈을 뜨자마자 삼성전자 주식에 대한 생각이 찾아왔다. 오늘은 또 얼마나 오를 것인가? 61,800원? 아니면 62,000원?

지금이라도 주식을 사는 게 현명한 거 아닐까 하는 생각이 이어졌다. 하지만 그러다 상승세가 꺾이면?

'그러면 뭐 그냥 가지고 있는 거지. 어차피 삼성전자 주식은 언젠가는 오를 테니까. 일단 사놓고 조금이라도 오르면 되팔아서 차익을 거두는 거고, 아니면 오를 때까지 계속 쥐고 있는 거고.'

그런 생각이 들자 마음이 급해졌다. 빨리 주식시장이 열려 주가 변화를 눈으로 확인하고 싶었다. (이래서 주식이 무서운 거구나 하는 생각도 들었다)

일단 밥을 먹어야 할 것 같았다. 전기밥솥을 열어보니 어제 아침에 해놓은 밥이 아직 조금 남아있었다. 그것에다 김치랑 김으로 간단히 식사를 마치고 양치를 한 후 노트북 앞에 앉자 8시 반이었다. 장이 열릴 때까지 주식투자에 관한 영상이나 보려고 유튜브에 접속했다. 영양가 없는 영상 서너 개를 보는 사이 어느새 9시가 되었고 나는 곧바로 HTS를 실행했다. 삼성전자의 주가는 60,900원에서 60,800원 사이를 왔다갔다 하고 있었다. 뭐야? 내렸잖아, 하는 생각에 실망스러 웠지만 곧이어 내렸을 때 사면 더 큰 수익을 거둘 수 있을 거 란 생각이 들었다. 그래서 사기로 했다. 60,900원에 49주, 총 2,984,100원어치를.

매수가 이뤄지고 나니 마음이 편해졌다. 왜 사람들이 주식 투자에 중독되는지 조금은 알 것 같았다.

3시간쯤 뒤에 다시 주가를 확인해보았는데 실망스럽게도 내가 샀던 가격에서 700원이나 떨어져 있었다. 나는 스스로 에게 말해주었다. 오를 때가 있으면 떨어질 때도 있는 법, 다 시 오를 때까지 기다리면 돼.

그러나 그런 생각도 별로 위로가 되지 않았다. 조금만 더 지켜보다 사는 건데, 하는 후회만 밀려왔다.

10분쯤 더 모니터 앞에 앉아 변동세를 지켜보았다. 하지만 더 떨어지면 떨어졌지 오를 것 같진 않았다. 예상대로 장이 마감했을 때는 59,500원까지 내려가 있었다. 앉은 자리에서 68,600원을 날린 것이다.

물론 그것을 '날렸다'고 하는 건 부적절한 표현이다. 내가 매수한 주식의 가치가 그만큼 낮아졌다는 측면에선 그렇게 말할 수도 있겠지만, 내일이면 다시 오를 수도 있는 거 아닌 가.

어쨌든 나는 유쾌하다고는 할 수 없는 기분으로 노트북을 덮었다. 머리도 식힐 겸 한숨 자야겠다는 생각이 들었다. 그래 서 누웠는데 막상 누우니 잠이 오지 않았다.

17

그녀와 만나기로 한 사당역에 약속시간보다 10분쯤 일찍 도착했다. 그런데 놀랍게도 그녀는 벌써 도착해서 나를 기다리고 있었다. 우리는 인사를 나눈 후 걸음을 옮겨 카페가 여럿 있는 골목으로 들어갔다.

골목 초입에 위치한 작은 카페를 지나며 여기는 어떠냐고 물었더니 그녀는 괜찮을 것 같다고 했다. 조금 더 걸으면 다른 카페도 있는데 거기도 한번 본 다음에 결정하는 게 어떻겠냐고 했더니 그녀는 그러자고 했다. 우리는 조금 더 걸어 다음으로 나타난 카페 앞에 이르렀다. 그녀는 거기보다는 먼젓번 카페가 좋을 것 같다고 했다. 우리는 골목길을 따라 한 곳 더 카페를 둘러보았지만 결국 맨 처음 보았던 카페로 들어갔다. 카페 안에는 손님이 아무도 없었다.

"어떤 걸로 드시겠어요? 제가 살게요."

내 말에 그녀는 아니라며 지갑에서 카드를 꺼냈다.

"아니에요, 제가 살게요."

그녀는 나의 의지가 확고함을 깨닫곤 카드를 다시 지갑에 집어넣었다.

"저는 바닐라라떼로 할 건데, 뭘로 드시겠어요?"

그녀는 아이스 아메리카노로 하겠다고 대답했다.

"아이스 아메리카노 하나랑 바닐라라떼 하나요."

점원이 드시고 갈 거냐고 물었다. 나는 그렇다고 대답했다.

주문을 마치고 창가 쪽 테이블에 앉은 우리는 마스크를 착용한 채로 그동안의 근황에 대해 이야기를 나눴다. 그러고 있는데 주문한 음료가 나왔다. 우리는 마실 때만 잠깐씩 마스크를 내렸을 뿐 카페에 앉아있는 내내 마스크를 쓴 채로 얘기했다. 참 연애하기 힘든 시대라는 생각이 들었다.

나는 4주 동안 함께 모임하면서 좋았다고, 그런데 이제 모임이 끝나서 따로 연락하지 않으면 다시는 볼 수 없을 것 같아 연락했다고 말했다. 그녀는 알겠다는 얼굴로 고개를 끄덕였다. 나는 물었다. 요즘은 어떤 책을 읽고 있느냐고.

"책이요?" 그녀는 살짝 당황한 얼굴로 말했다. "모임 끝나곤 안 보고 있어요…." 그리곤 물었다. "요즘에 읽고 계신 책 있으세요?"

나는 요즘 보고 있는 로마제국에 관한 책에 대해 얘기했다. 그녀는 잘 들어주었다. 나는 상당히 많이 지껄였다. 그런데 말을 하는 중간 중간 불쑥 이런 생각이 들었다. 만약 이 자리에 앉아 있는 사람이 그녀가 아닌 민아라면 어땠을까?

그런 생각이 들었던 건 그녀와의 대화가 부드럽지만 밋밋하게 흘러갔기 때문이다. 만약 민아였다면 어땠을까? 분명히 달랐을 것이다. 언쟁까지는 아니더라도 훨씬 더 긴장감 있는 대화가 오갔으리라. 그랬다면 훨씬 더 재밌었을 텐데, 하는 생각이 들었다.

그렇게 30분쯤 떠들고 나니 오늘 그녀를 불러낸 목적에 대해서 말해야 할 것 같은 생각이 들었다.

"오늘 보자고 한 건 꼭 드리고 싶은 얘기가 있어서예요. 그건… 우리, 만남을 가져보는 거 어때요? 만나서 밥도 먹고 이야기도 나누면서 서로에 대해 더 알아가는 거죠."

그녀는 표정 변화 없이 차분한 얼굴로 물었다.

"남녀관계로요?"

"네."

그렇게 대답하고 나니 뭔가 더 부연 설명이 필요할 것 같았다. 그래서 이렇게 덧붙였다.

"당장 예스, 노로 답을 달라는 건 아니에요."

잠시 침묵이 이어졌다. 나는 화제를 바꿔 회사일은 코로나19로 타격이 없느냐고 물어보았다.

"영향이 있죠. 사람을 만나는 일이 줄어들고 외출해도 항상 마스크를 착용해서 화장을 덜하게 되니까요."

"그렇군요. 걱정이네요, 빨리 백신이 나와야 할 텐데…."

우리는 얼마쯤 더 얘기를 나누다 자리에서 일어났다. 지하철역까지 걸음을 옮기며 날씨에 대한 얘기를 조금 주고받았는데 그녀는 더위가 꺾여서 좋다고 했다.

돌아오는 길에 나는 오늘의 만남에 대해서 생각해보았다. 우리가 나눴던 대화 자체는 무난했다고 생각한다. 그러나 뚜렷하게 설명할 순 없지만 이런 만남에서 기대하기 마련인 '무엇'은 느낄 수 없었다. 그녀에게 문제가 있었다기보다는 내가 문제였다. 그녀와 대화를 주고받는 순간에도 내 머릿속에선 민아에 대한 생각이 떠오르곤 했기 때문이다. 그것은 일종의 수수께끼처럼 느껴졌다. 누군가가 나를 이런 특수한 상황에 던져 넣고 내가 어떻게 행동하는지 지켜보고 있는 것 같았다. 결정을 내려야만 했다. 계속해서 떠오르는 민아에 대한 감정을 무시하고 그런대로 잘 굴러가고 있는 지은과의 연애를 발전시켜갈 것인가. 아니면 지금까지 쏟았던 노력을 뒤로하고 민아에게 연락을 취해볼 것인가.

집에 돌아와 한참 더 고민한 끝에 결정을 내렸다. 민아에게 연락하기로.

나는 내 앞에 출현한 수수께끼를 풀기 전까지는 지은과의 연애를 더 이상 진전시킬 수 없다고 느꼈다. 안다. 이 시점에서 내가 연락을 중단하면 모양새가 이상하게 되리란 것을. 하지만 어쩔 수 없다. 먼저 민아를 만나야 한다. 그녀를 만나서 얼굴을 보고 지금 내 감정이 의미하는 게 정확히 무엇인지를 파악해야 한다. 그 다음에야 어떤 행동을 해야 할지가 분명해질 거다. 나는 그렇게 생각한다. 이런 나의 결정이 바보 같은 짓이라 할지라도 말이다.

18

점심 먹고 1시쯤 카톡으로 민아에게 연락했다. 잘 지내고 있느냐고 물었더니 그녀는 잘 지내고 있다며 어쩐 일이냐고 했다. 나는 그냥 생각나서 연락했다고 했다. 그리고 이왕 연락이 됐는데 다음에 시간 괜찮을 때 커피라도 한 잔 할 수 있었으면 좋겠다고 했다. 그녀는 잠시 뜸을 들이더니 좋다고 했다. 그러면서 만나면 또 말싸움 벌이는 거 아니냐고 했다. 나는 뭐 싸우면서 정들고 그러는 거 아니겠느냐고 했다. 그러자 그녀는 아무 대답도 하지 않았다. 나는 농담 한번 해봤는데 실패한 것 같다고 했다. 그리고 오늘도 좋은 하루 보내라고 또 연락하겠다고 했다. 그녀는 한참 만에 Have a Nice Day라는 짧은 대답을 보내왔다. 내일모레 다시 한 번 연락해봐야겠다.

삼성전자의 주가는 계속해서 떨어지는 중이다. 59,800원에서 59,400원으로 또 거기서 58,900원으로 그리고 급기야는 57,900원까지 떨어졌다. 내가 산 가격에서 정확히 3,000원 떨어진 거다. 50주를 샀으니까 총 15만원이 소리 없이 증발한 것이다. 하지만 괜찮다. 언젠가는 다시 오를 테니까. 그때까지 나는 그것을 계속 가지고 있을 거다. 나에게 손절매란 없다. 나는 반드시 투자한 원금 이상의 수익을 거둘 거다. 그러지 않고 주식투자를 그만두는 일은 없을 것이다. 절대로 없을 거다.

19

    오늘 다시 그녀에게 연락했다. 그녀가 누구냐고? 민아 말이다. 앞으로 내가 '그녀'라고 지칭하는 사람은 민아일 것이다. 나는 호감을 느끼는 여성을 이름대신 그녀라고 부르는 걸 좋아한다. 내가 민아를 '그녀'라고 부르기로 한 것은 오늘부로 분명하게 내가 좋아하는 사람은 그녀라는 걸 깨달았기 때문이다. 왜 우리는 우리가 사랑하는 사람이 누구인지를 명확하게 깨닫는 데 시간이 걸리는 것일까? 그것은 인간이 멍청한 동물이기 때문일 거다. 인간이 멍청한 동물이라는 것은 부정할 수 없는 사실이다. 우리는 상당히 많은 경우 자신과 전혀 맞지 않는 사람을 선택한다. 매년 대한민국에서 11만 쌍 넘게 발생하는 이혼하는 부부들이 그것을 수치로 증명하고 있다. 매년 11만 쌍, 부부는 둘이니까 22만 명, 그럼 10년이면 220만 명의 이혼남, 이혼녀가 발생한다는 소리다. 20년이면 440만 명이고. 실로 놀라운 숫자라고 하지 않을 수 없다. 바로 이것이 인간인 것이다.

    그러나 한편으론 인간의 이런 어리석음이 인생을 흥미로운 것으로 만들어주는 요소라는 것도 부인할 수 없을 것이다. 어리석은 선택과 갈팡질팡, 후회와 한숨, 분노와 증오는, 그리고 수용과 절망과 체념은 드라마의 필수요소다. 그러니까 어떤 면에서 그것은 인생에서 반드시 있어야만 하는 거다. 확신 컨대 실수 없는 완벽한 선택만 이어지는 인생은 아주 밋밋하고 단조로울 것이다. 나는 그렇게 생각한다.

　서설이 길었는데 오늘 그녀와의 통화는 배드민턴 라켓을 든 두 사람 사이로 재빠르게 왔다갔다하는 셔틀콕처럼 재미있었다. 무엇이 내게 이런 재미를 선사한 것일까? 분명한 건 그녀가, 내가 지금까지 좋아했던 여자들과는 '다른' 사람이라는 것이다. 혹시 그것이 이유일까? 나와 '다른' 사람이라는 것, 그것이 이런 즐거움의 원인일까? 모르겠다. 하지만 그녀는 확실히 나와 다른 존재다. 나는 페미니스트를 싫어한다. 그런데 그녀는 페미니스트다. 그녀는 가부장적인 남성을 싫어한다. 나는 가부장적인 남성을 좋아하지는 않지만 그들에게 어떤 연민을 느낀다. 그녀는 자기주장이 강하다. 나는 자기주장이 분명한 여자에게 매력을 느끼지만 항상은 아니다. 나는 다른 많은 남자들과 마찬가지로 여자의 긴 생머리를 좋아한다. 그러나 그녀는 목선이 드러나는 숏컷을 고수하고 있다. 나는 이 험난한 세상에서 함께 벌고 함께 쓸 직장인 여성을 연애상대로 원하지만 그녀는 대학원생이다. (하긴 그런 식으로 따지자면 직장이 없기는 나도 마찬가지군) 그러나 이 모든 것은 문제가 되지 않았다. 문제가 되지 않는 정도가 아니라 그래서 더 흥미롭다. 인생을 보다 즐겁게 살기 원한다면 항상 다니던 길이 아닌 다른 길로 가봐야 할 필요가 있다는 말은 아마도 진실일 것이다.

나는 그녀에게 다짜고짜 이번 주말에 시간 있느냐고 물었다. 그녀는 그건 갑자기 왜 묻느냐고 했다. 나는 생각해봤는데 커피보다는 식사를 같이 하고 싶어서 그런다고 했다. 그녀는 우리가 식사를 같이 해야 할 이유가 뭐냐고 했다. 나는 얘기를 나누고 싶어서라고 대답했다. 그녀는 얘기라면 어떤 얘기냐고 물었다. 나는 연애에 관한 얘기라고 대답했다. 그녀는 연애에 관한 얘기요? 그걸 왜 저랑 나눠야 하죠? 라고 물었다. 나는 그 이유로 첫째, 그녀가 흥미로운 사람이고 둘째, 페미니스트는 연애에 대해 어떤 생각을 가지고 있는지 궁금하기 때문이고 셋째, 그런 얘기를 나누기에 좋은 아주 맛있는 초밥을 제공하는 일식집을 알게 되었기 때문이라고 했다. 그녀는 그런 내 대답에 잠시 고민하더니 이번 주말엔 힘들 것 같다고 했다. 하지만 대신 다음 주 화요일 저녁에 보는 건 어떠냐고 했다. 나는 좋다고 했다. 그녀는 내가 말한 음식점이 어디에 있느냐고 물었다. 나는 이태원에 있다고 했다. (사실 나는 이태원에 있는 맛있는 초밥집 같은 건 알지 못한다. 그냥 질문을 받는 순간 이태원이란 동네이름이 떠올라 그렇게 대답했을 뿐이다) 그러자 그녀는 처음 듣는 단어를-이상한 일본어였다-발음하며 거기냐고 물었다. 나는 아니라고 대답했다. 그녀는 그러면 어디냐고 물었다. 나는 그건 그날 만나면 알게 될 거라고 했다. 그녀는 좋다고 그럼 화요일 저녁 7시에 이태원에서 보자고 했다. 나는 오늘도 좋은 하루 보내라고 했다. 그녀는 좋은 하루 보내라고요? 이제 저녁인데 그보단 편안한 저녁시간 되세요, 가 낫지 않아요? 하고 물었다. 나는 듣고 보니 그런 것 같다고 말해주었다. 그녀는 피식 웃더니 "Have a Nice Day"라고 말하곤 전화를 끊었다. 그렇게 우리의 교신은 막을 내렸다.

나는 내가 그녀에게 했던 말들을 떠올리며 어떻게 내가 그런 말을 지껄일 수 있었는지 놀랐다. 나는 절대로 그렇게 유들유들한 인간이 아니다. 할리우드 로맨틱 코미디에 나오는, 여자랑 티격태격하는 바람둥이랑은 조금도 닮은 점이 없는 남자다. 그런데 지금 막 끝난 통화에는 분명히 그런 면이 있었다. 어떻게 이런 일이 가능했던 걸까? 지금 생각해보니 그것은 그녀 때문이었다. 그녀의 태도, 그녀의 존재 자체가 나에게서 그런 행동을 유발한 것이다. 그녀의 어떤 태도가? 그것을 언어로 명확하게 표현하긴 힘들다. 그렇지만 굳이 해보자면 그녀의 어떤 자연스러움, 자신이 하고 싶은 말을 하는 데 망설임이 없는 만큼 상대도 마땅히 그럴 권리가 있다고 믿고 그렇게 되도록 자극하는 태도랄까 분위기랄까 하여튼 그런 것 때문인 것 같다.

그런 생각을 하고 있는데 휴대폰이 울렸다. 그녀였다. 이번에는 그녀가 다짜고짜 말했다.

"아무래도 안 되겠어요."

"네? 그게 무슨 말이죠?"

"화요일에 보기로 한 거, 안 될 것 같다고요."

"왜요?"

"제출해야 할 과제가 있는데 그것에 집중해야 할 것 같아요."

"언제까지 제출해야 되는데요?"

"목요일 오전까지요."

"그럼 목요일 저녁에 만나는 건 어때요?"

"음… 그날은 일이 있을 것 같아요…."

"그럼 금요일 저녁은?"

그녀는 잠시 말이 없더니 5초쯤 후 약간 장난기 섞인 목소리로 대답했다.

"집요하시군요."

그 말을 듣는 순간 나도 모르게 웃음이 터져 나왔다. 나는 웃으며 말했다.

"그런가요?"

그녀는 내 물음에 대답하지 않고 "생각해봤는데, 목요일 저녁에 될 거 같아요."하고 말했다.

"그래요? 그럼 목요일 저녁으로 하죠."

그녀는 "만약 불가피한 일이 생기면 다시 연락드릴게요." 하고 말했다.

"네, 그래요."

짧게 이어진 통화를 마치며 나는 생각했다. 조만간 아주 재밌는 일이 벌어지게 될 것 같다고. 잠자리에 들기 전에 이태원에 있는 일식집 몇 군데를 검색해봐야겠다.

20

우리는 녹사평역 2번 출구 앞에서 만났다. 온도, 습도 모두 아주 쾌적한 걷기 좋은 밤이었다. 그녀는 검정색 후드티에 청바지를 입고 왔다. 여성적인 매력이 느껴지는 옷은 아니었다.

경리단길을 향해 걸으며 나는 그녀의 옆얼굴을 바라보았다. 마스크로 절반 넘게 가려져 있었지만 아름다웠다. 그녀의 얼굴에는 어떤 독특한 생동감이 있었다. 표정이 풍부하다는 말로는 부족한 생동감. 그것은 자기주장이 확실한 사람에게서 관찰되는 적극성, 도전적인 눈빛 같은 거였다.

나는 그녀에게 그동안 잘 지냈느냐고 물었다. 그녀는 잘 지냈다며 나는 어땠느냐고 물었다. 나도 잘 지냈다고 했다. 그리곤 곧바로 일을 그만두었다고 했다. 그녀는 조금 놀라며 물었다.

"일 그만두셨어요? 언제요?"

나는 2주쯤 된 것 같다고 대답했다. 왜 그녀에게 일을 그만둔 걸 솔직하게, 그것도 만나자마자 말한 건지는 나도 모르겠다. 그냥 아주 자연스럽게 그 말이 나왔다.

"그럼 이직 준비하시는 거예요?"

나는 아니라고, 재충전하는 시간을 좀 가지려 한다고 말했다.

"그런 시간도 필요하죠."

나는 미리 검색해놓은 일식집으로 그녀를 이끌었다. 코로나 때문인지 손님은 아무도 없었다.

"여기가 맛있다고 한 그 집이에요?"

"네, 왜 마음에 안 드세요?"

"그런 건 아닌데… 손님이 너무 없네요."

"코로나 때문에 그런 거겠죠."

우리는 스시A 코스를 둘 시켰다. 광어, 연어, 참치, 와규, 새우 등 다양한 모듬 스시 10피스와 우동, 고로께, 샐러드, 디저트로 구성된 꽤 비싼 메뉴였다.

"이렇게 장사해서 임대료 낼 수 있을까요?" 그녀가 주문을 받고 뒤돌아서 걸어가는 아르바이트생을 보며 소곤거렸다. "여기 임대료 되게 비쌀 텐데."

"그러게요."

곧 주문한 음식이 나왔다. 그녀는 샐러드를 맛보곤 맛있다고 했다. 나는 속으로 다행이라고 생각했다.

"근데 하고 싶으시다는 얘기가 뭐에요?"

"아, 그거요? 별거 아니에요. 그냥 연애에 대한 거예요."

"연애?"

"네."

"저번에 통화했을 때는 페미니즘에 대해서도 얘기했던 것 같은데?"

"민아 씨가 페미니스트잖아요. 페미니스트는 연애를 어떻게 생각하는가? 뭐 그런 거에 대한 얘기를 나누고 싶었어요."

"왜 페미니스트의 연애에 대해 궁금해 하시는 건지 여쭤봐도 될까요?"

"페미니스트의 연애라는 주제 자체에 관심이 있는 건 아니에요. 그보단 민아 씨가 연애를 어떻게 생각하느냐에 대해 관심이 있다고 할 수 있죠."

"제 연애에 대한 생각이 왜 궁금하신데요?"

"민아 씨한테 관심이 있으니까요."

그녀는 잠시 나를 뚫어지게 바라보더니 말했다.

"저는 당분간은 연애할 생각 없어요."

실망스런 대답이었다. 그러나 어느 정도 예상했던 대답이기도 했다. 그래서 나는 이미 몇 번이나 머릿속으로 생각해놓았던 말을 했다.

"왜 연애할 생각이 없으신지 물어봐도 될까요?"

"이유야 많죠." 그녀는 물잔을 집어 들어 한 모금 마신 후 계속해서 말했다. "지난번 남자친구랑 안 좋게 헤어졌어요. 그때 생각했죠. 앞으로 한동안은 연애를 하지 않겠다고."

"그게 얼마나 된 일이죠?"

"6개월이요."

"그전에는 연애를 많이 하셨나요?"

"아주 사적인 질문이네요."

"대답하기 싫으시면 하지 않으셔도 돼요."

"많이 하지는 않았어요. 하지만 항상 끝이 안 좋았죠. 아니,

끝이 안 좋은 게 아니라 그냥 안 좋았다고 하는 게 맞겠네요."

"안 좋았다는 게 조금 모호하게 들리는데 구체적으로 어떤 게 안 좋았는지 말해줄 수 있어요?"

그녀는 왜 내가 그걸 당신에게 말해야 하느냐는 얼굴로 나를 바라보았다. 그래서 나는 말했다. 물론 나에게 그것을 말하고 싶지 않을 수도 있다고, 그렇다면 말하지 않아도 된다고, 하지만 말해준다면 내가 오늘 만나자고 했던 목적을 이루는 데 있어 큰 도움이 될 거라고.

"그냥 아주 이기적인 인간들이랑 만났다고 생각하시면 될 거에요."

"이기적인 인간들?"

"네. 자기만 아는, 자기밖에 모르는."

"의외네요. 페미니스트는 그런 남자들한테 당하지 않을 줄 알았는데."

"그런 남자들한테 당해서 페미니스트가 되는 건지도 모르죠."

"그렇군요. 하지만 세상엔 조금은 덜 이기적인 남자도 있지 않을까요?"

"있겠죠, 드물게. 하지만 다수는 이기적이에요. 제 생각엔 사회제도가, 구조가 남자들을 그런 상태로 머물도록 만드는 것 같아요. 피임과 낙태 문제만 해도 그래요, 만약 남자들이 10개월 동안 뱃속에 아기를 품고 있어야 한다면 콘돔사용이나 낙태합법화에 대해 지금처럼 까다롭게 굴까요? 저는 그렇지 않을 거라고 봐요. 자기들이 고통당하지 않으니까 무심한 거죠. 아니, 단순히 무심한 게 아니라 그걸 통해 여성을 억압함으로써 여성에 대한 지배권을 놓지 않으려는 거죠."

"여성을 지배하려한다고요? 콘돔을 사용하지 않는 방식으로?"

그녀가 목소리를 높이며 말했다.

"그건 농담거리로 삼을 문제가 아니에요! 한 여성의 인생이 걸린 문제라고요!"

굳이 언쟁상태로 진입할 필요는 없을 거란 생각이 들었다. 하지만 동시에 그냥 그렇게 끝내기는 아쉬웠다. 그녀와 나는 언쟁하면서, 싸우면서 정든 사이 아닌가.

"콘돔 사용에 대해 좀 더 얘기하자면 저는 출산을 목적으로 하지 않은 관계에서는 반드시 그것을 사용해야 한다고 생각해요. 말씀하신대로 한 여자의 인생이 걸려있는 문제니까요. 하지만 낙태는, 그것의 합법화에 대해서는 선뜻 동의할 수 없을 것 같네요. 그것 또한 한 생명의 인생이 걸려 있는 문제니까요."

"낙태 합법화는 여성의 인권과 자기결정권에 관한 문제에요." 그녀는 흥분한 듯 빠른 어조로 말했다. "낙태죄는 그동안 수많은 여성들을 범죄자로 만들고 불법수술 현장으로 몰아넣었어요. 그런 곳에도 찾아가기 힘든 10대 미성년 산모들은 화장실에서 출산하는 일까지 있었고요. 왜 이런 일들이 계속되어야 하죠? 왜 이런 일들이 일어나는 걸 막지 못하느냐고요!

임신과 출산의 주체는 여성이에요. 여성은 자신의 몸에서 일어나는 일에 대해 결정할 권리가 있어요. 또 그 결정에 따라 의료적 지원을 받을 권리도 있고요. 임신과 출산을 전적으로 담당하는 여성의 의견은 무시한 채 태아를 국가발전을 위한 인적자원으로 대하는 것은 생명 존중이 아니라 여성인권 탄압이에요!"

"태아를 국가발전을 위한 자원으로 대해서는 안 되겠죠, 그렇지만 어쨌든 낙태로 인해 누군가가 죽는다는 건 사실이잖아요. 그럼 그렇게 세상에 나와 보지도 못하고 살해되는 아기들에 대해서는 누가 책임을 져야하죠? 대체 누가 책임을 져야 하냐고요. 물론 성폭행으로 인한 임신 같은, 불가피하게 낙태가 허용될 수 있는 상황이 있다고는 생각해요. 하지만 그런 예외적인 경우를 제외하곤 낙태를 합법화하는 건 살인을 합법화하는 것과 다르지 않다고 생각해요."

"낙태 자체가 좋은 일이 아니라는 건, 저도 동의해요. 가능한 한 일어나지 않아야 할 일이죠. 사실 낙태는 여성에게 정말 끔찍한 일이에요. 어떤 여자가 자신의 배를 가르고 뱃속에 있는 아기를 꺼내서 죽이는 걸 좋아하겠어요? 하지만 그런 선택을 할 수밖에 없는 상황이란 게 있다고 생각해요. 아기는 남성과 여성이 함께 만들지만 아기를 임신하고 낳고 양육하는 건 여성의 몫이에요. 그 과정에서 여성은 직장에서 해고될 수도 있고 쌓아온 경력이 무용지물이 될 수도 있어요. 임신했을 뿐인데 말이죠. 출산을 하게 되면 여성은 계속해서 아이를 키워야 해요. 1, 2년이 아니라 성인이 될 때까지 20년 정도를요. 아니, 대학교육까지 생각한다면 25년이나 그 이상이 될 수도 있겠죠. 자신의 인생과 돈과 노력을 다 바쳐 그런 일들을 수행해야하는 여성에게 우리 사회는 과연 어떠한 지원을 해주고 있죠? 출산장려금이나 양육수당 조금 주는 거? 그거 가지고는 택도 없어요! 만약 계속해서 낙태를 불법으로 규정할 거라면 아기를 가진 모든 여성의 희생과 수고에 대해 국가가 정당하게 물질적, 정신적 보상을 해줘야 할 거에요. 출산을 해도 경제적으로, 커리어적으로 어떤 어려움도 없이 20년 이상 아이의 양육과 교육을 이어갈 수 있는 사회시스템이 구축되어야 할 거라고요. 그렇게 되기 전까지는, 낙태할 권리에 대해 국가가 뭐라고 할 수 없어요!"

"여성의 출산과 양육에 대한 사회적 지원이 강화되어야 하는 건 맞지만 그것이 여성들이 완벽하게 만족할만한 수준으로 제공되는 일은 아마도 없을 거예요. 왜냐면 여기는 불완전한 세계고 불완전한 곳에서 완벽한 걸 바랄 수는 없으니까요. 만약 국가가 어떤 이슈에 대해 그 합법성과 비합법성을 그것과 관련한 완벽한 제도적 시스템을 구축한 후에야 규정할 수 있다면 국가는, 법은 어떤 것에 대해서도 말할 수 없을 거예요. 낙태문제는, 그것과 관련한 사회적 상황이 그것을 용인하도록 만드는 측면이 있다고 하더라도 합법화될 수 있는 성격의 것이 아니라고 생각해요. 저는 그렇게 생각해요. 이 얘기는 이 정도까지만 하죠."

그녀는 낙태문제와 관련한 대화를 거기서 멈추자는 나의 말에 화가 난듯 말했다.

"사회구조적인 얘기로 넘어왔지만 낙태문제는 그것 이전에 본질적으로 여성의 자기결정권에 관한 문제에요. 자기 몸에서 일어나는 일에 대한 결정권 말이에요! 그리고 그렇게 일방적으로 논의주제를 끝내는 법이 어디 있어요? 저는 그 주제로 더 얘기하고 싶어요. 요구받았다고 해서 곧바로 대화주제를 바꿀 생각은 없다고요!"

그녀의 흥분이 당황스럽기도 했지만 솔직히 말하자면 그녀의 그런 흥분상태가 흥미롭기도 했다. 분명 어느 정도는, 그녀의 매력은 그런 쉽게 흥분하는 기질, 공격성, 적극성, 자기표현력, 그 모든 것에서 나오는 생동감에 기인한 것 같다는 생각이 들었던 것이다. 나는 생각을 바꿔 계속해서 그 주제로, 아니 그 주제를 포괄하는 보다 큰 주제로 논쟁을 이어가기로 했다.

"자기 몸에서 일어나는 일에 대한 자기결정권은 무제한으로 허용될 수 있는 걸까요? 그렇다면 묻고 싶군요, 자살에 대해서는 어떻게 생각하시는지. 많은 사람들이 자살을 끔찍한 일이라고 느끼죠. 그럴 일은 없겠지만 국가가 자살을 합법화한다고 해도 대부분의 사람들은 여전히 그것이 절대로 죄 없는 행동이라고 생각하지는 않을 거고요. 하지만 엄밀한 의미에서 그것은 자신의 몸에 대한 자기결정권의 발현이에요. 자기결정권을 행사하는 게 합법적인 일이라면 자살 또한 문제

될 것 없는 행동으로 봐야하지 않을까요?"

"자살은, 남겨진 사람들에게 너무나 큰 상처를 주기 때문에 쉽게 긍정될 수 있는 행동이 아니라고 생각해요."

"하지만 조금 전 얘기하신 자기결정권이라는 측면에선 비난할 수 없는 것 아닌가요? 그리고 낙태도 낙태를 선택한 여성 자신을 비롯해 많은 사람들에게 상처를 남기는 일이잖아요."

"낙태랑 자살은 달라요!"

"어떻게 다른데요? 둘 다 생명, 그리고 죽음에 관련된 문제라는 점에서 비슷하지 않을까요?"

"그 둘은 완전히 다른 문제에요."

"어떻게 완전히 다른데요?"

"임신초기의, 아직 몇 주밖에 지나지 않은, 그러니까 아직 인간이라고 할 수 없는, 그런… 그런 존재와 완전히 자란 성인은 같다고 할 수 없어요."

"뱃속의 태아와 성인이 똑같다고 할 수는 없겠지만 어쨌든 둘 다 생명을 지녔다는 점에선 같지 않을까요?"

"달라요, 그 둘은 확실히 달라요! 그리고 저는 그렇게까진 생각하지 않지만, 자기결정권이란 측면에서 자살에 대해 긍정적으로 보는 시각도 있다고 알고 있어요. 저는 그렇게 생각하지는 않지만요. 그리고 이 시점에서 자살이라는 문제를 끌고 들어와 낙태랑 비교하는 건 논점을 흐리는 거 아니에요?"

"그런가요?" 그렇게 말하며 나는 나도 모르게 웃었다. "뭐 그렇게 생각하신다면 이 얘긴 그만하기로 하죠."

이번에는 그녀도 동의했다. 우리는 잠시 대화의 소강상태를 보내며 남은 음식물 섭취에 집중했다.

21

음식점에서 나온 우리가 향한 곳은 근처의 카페였다. 평일 저녁이긴 했지만 거리에도 카페에도 사람이 거의 없었다. 너무 없어서 이상하게 느껴질 정도였다.

"정말 사람이 없네요."

"경리단길 상권이 많이 죽었다는 얘기는 들었지만 이 정도일 줄은 몰랐어요…."

우리는 커피를 주문한 후-커피는 그녀가 샀다. 그녀는 끝까지 그러겠다고 고집했다-오렌지색조명 아래 푹신해 보이는 소파가 놓여있는 창가 쪽 자리로 갔다. 곧 주문한 커피가 나왔다. 그녀는 그것을 한 모금 맛보곤 말했다.

"코로나 때문에 제가 제일 안타까운 게 뭔지 아세요?"

"뭔데요?"

"여행을 못 간다는 거."

"해외여행이요?"

그녀는 당연한 거 아니냐는 얼굴로 고개를 끄덕였다.

"여행 많이 다니셨나 봐요?"

"많이는 아니고 조금 다녔어요."

"어디 어디 가보셨는데요?"

"필리핀, 베트남, 라오스, 캄보디아, 스페인…."

"많이 다니셨네요. 어디가 제일 좋았어요?"

그녀는 1초도 망설이지 않고 대답했다.

"베트남이요."

"왜요?"

"자연환경도 좋고 사람들도 친절하고 물가도 싸거든요."

"베트남 어느 지역을 가셨어요?"

"하노이랑 하롱베이요. 근데 그런 관광지보다 시골이 더 좋아요. 물가도 싸고."

"친구랑 가신 거예요?"

"한번은 친구랑, 또 한번은 혼자서요."

"혼자서?"

"네."

"대단하시네요."

"혼자서 가면 더 자유롭잖아요."

그녀는 베트남에서 경험했던 일들에 대해 이것저것 늘어놓았다.

"관광지 말고 시골 현지인들이 먹는 식당에서 쌀국수 한 그릇 시키면 한국 돈으로 얼마일거 같아요?"

"현지인들이 먹는 식당에서요?"

"네."

"음…… 2,000원?"

"더 낮춰요."

"1,000원?"

"더."

"500원?"

"더."

"500원도 안 해요? 정말 싸네, 얼만데요?"

"350원. 몇 년 전 가격이라 지금은 더 올랐겠지만."

"베트남에 한국 돈 100만원 가지고 가면 석 달은 잘 먹고 지낼 수 있겠네요."

"관광지는 비싸요. 시골의 현지인들이 먹는 식당 가격이 그렇죠."

"어쨌든 엄청 싸네요. 우리나라는 물가가 비싸서 열심히 일해 월급 받아도 남는 게 별로 없는데."

"많이 버는 애들은 그렇지도 않더라고요."

"많이 벌면 그렇겠죠."

"친구 중에 대기업 들어간 지 3년 된 애가 있는데 걔는 돈을 아주 잘 모으더라고요. 벌써 7,000인가 모았대요."

"3년 만에요?"

"네, 부모님이랑 같이 살아서 월세가 안 나가 세이브 되는 것도 있겠지만 있는 돈을 잘 굴리더라고요. 주식 같은 걸로. 1억 정도 모으면 오피스텔 하나 사서 임대 놓을 거래요."

그녀는 마스크를 내리고 커피를 마셨다. 그리곤 다시 마스크를 올리며 말했다.

"그나저나 여행가고 싶다…."

"여행 좋죠. 저도 가고 싶네요."

"근데 앞으로 1, 2년은 해외 나가기 힘들 거라고 하더라고요. 2022년이나 돼야 정상화될 거라고…."

"그렇겠죠."

그녀와 그런 시답잖은 얘기를 나누는 것은 논쟁상태에서 맛볼 수 있는 즐거움과는 또 다른 색깔의 재미가 있었다. 때때로 그녀는 자신도 모르는 사이에 혼잣말이나 손동작으로 사춘기 소녀 같은 모습을 드러냈는데 그런 모습을 보는 것도 흥미로웠다. 그렇게 얼마나 대화가 오고갔을까, 내가 물었다.

"우리 연애하는 거 어때요?"

조금 갑작스럽게 느껴질 수도 있는 질문이었지만 그녀는 아무렇지도 않은 얼굴로 대답했다.

"아까도 말씀드렸지만 저는 연애할 생각 없어요."

"당분간은?"

"제가 모임 때 비혼주의자라고 말했던 거 기억하시죠?"

"비혼주의자? 들은 기억 없는데요."

"분명히 말했어요, 자기 소개할 때."

좋다, 말했다고 치자. 지금 이 상황에서 말 했냐 안 했냐가 중요한 건 아니니까. 젠장, 그런데 그런 이상한 신념을 갖고 있으면서 왜 여기까지 나온 거지? 진짜로 페미니스트와 연애에 관한, 나의 있지도 않은—아니 어쩌면 조금은 있는지도 모르겠다—궁금증에 대해 답해주기 위해서?

"그렇다면 왜 만나자고 했을 때 거절하지 않은 거죠?"

"우리가 만난 목적이 연애를 하기 위해서였나요? 아닌 것 같은데? 저에게 물어보고 싶은 게 있다고 하지 않으셨나요?"

"그랬죠. 하지만 그건 핑계였고 실은 민아 씨와 사귀고 싶어서 보자고 한 거예요."

"그럴 거라고 생각했어요."

"네?"

"그럴 거라고 생각했다고요."

"그런데 왜 나오신 거죠? 연애할 생각 없으시다면서요?"

"연애할 생각이 없으면 나오면 안 되는 건가요?"

"그런 건 아니지만 그래도….'

"재밌을 거 같았어요."

"뭐가요?"

"준오씨랑 만나서 얘기하는 거."

뭐지 이건? 긍정적으로 해석할 여지가 있는 신호로 느껴졌다.

"재밌었나요? 오늘 만나서 얘기한 게."

그녀는 고개를 끄덕였다. 잠시 침묵이 이어졌다.

"비혼주의자라면서 연애는 '당분간' 하지 않겠다고 말해서 이상한가요?"

솔직히 말하자면 좀 이상했지만 어떤 면에선 이해가 가기도 했다. 결혼은 하지 않겠지만 연애는 하겠다, 그런 거 아니겠는가.

"뭐 그럴 수도 있다고 생각해요."

"저는 비혼주의자이긴 하지만 연애까지 절대로 안 하겠다는 주의는 아니에요. 그렇다고 연애를 하고 싶은 것도 아니지만."

"그렇군요···."

"연애에 반감을 가지고 있지는 않다는 거예요."

순간 갑자기 궁금해졌다. 연애에 반감을 가지고 있지 않으면서도 비혼주의자가 된 이유가.

"그런데 왜 비혼주의자가 되기로 하신 건지 물어봐도 될까요?"

"그건···." 그녀는 그것과 관련해선 할 말이 많다는 눈빛을 띠며 말했다. "결혼이 여성의 삶을 망쳐버리는 걸 너무도 많이 봤기 때문이에요. 저는 그렇게 되고 싶지 않아요. 절대로. 그렇게 되고 싶지 않다고요! 그래서 결혼하지 않겠다는 거예요."

한동안 잠잠했던 그녀의 쉽게 흥분하는 기질이 다시 모습을 드러냈다. 나는 살짝 놀리는 듯한 말투로 물었다.

"구체적으로 어떤 걸 보셨는데요?"

"뭘 보았냐고요? 아주 많은 걸 봤죠. 먼저 폭력이 떠오르는군요. 아주 비열한 폭력 말이에요! 그 비열한 폭력 때문에 제가 가장 사랑하는 사람이 돌이킬 수 없는 상처를 받고 이혼을 택했다는 것 정도만 말하겠어요."

"폭력은 용서받기 힘든 일이죠. 네, 그건 분명한 사실이에요."

"폭력만이 아니에요, 불성실은 폭력 못지않게 나쁘니까요.

저는 아주 긴 시간 바로 옆에서 배우자에게 불성실한 남자의 삶을 지켜봐왔어요. 그건 정말로 고통스러운 경험이었어요. 동시에 아주 교훈적이기도 했지만. 그런 불성실을 가능하게 해주는 제도적인 보호막은 많이 얇아졌고 앞으로 점점 더 얇아질 거예요. 그렇지만 아무리 얇아져도 아주 사라지지는 않을 거예요. 그게 제가 결혼을 하지 않으려는 궁극적인 이유에요."

"제도적인 보호막이라면 가부장제를 의미하는 건가요?"

"단순화시켜 말하자면 그렇게 대답할 수 있겠죠."

"우리 아버지 세대와 우리 세대의 남자들은 많이 다르지 않을까요?"

"달라졌죠. 어느 정도는."

"하지만 그 정도로는 아직 부족하다?"

"많이 부족하죠."

"결혼제도의 장점은 전혀 없다고 생각하시나요?"

"농경시대나 산업화 초기에는 있었을 거예요. 하지만 지금은 아니에요. 앞으론 더 아니게 될 거고요."

"인류가 존속하기 위해서는 구성원의 재생산이 반드시 필요한데 결혼제도가 그 통로 역할을 하지 못한다면 대안은 뭐죠? 동거를 통한 임신인가요?"

"동거도 결혼과 비슷한 방식으로 변질될 수 있기 때문에 절대적인 대안이라곤 할 수 없을 거예요. 그래도 결혼보다는 낫겠죠. 근데 저는 여성을 재생산의 수단으로 보는 것 자체가 잘못이라고 생각해요. 임신과 출산은 개인의 선택의 문제이고 그것을 선택하지 않을 권리는 개인에게 있는 거예요. 왜 아이를 낳는 건 좋은 일이고 아이를 낳지 않는 건 안 좋은 일이라고 생각하죠? 오히려 반대로 생각할 수도 있는데!"

"반대로 어떻게요?"

"청년실업, 무한경쟁, 환경오염 이런 게 다 어디서 기인하는 거죠? 사람이 너무 많아서 아니에요? 출산이 준다면, 그래서 인구가 줄어들게 된다면 존재하는 한 사람 한 사람이 더 귀하게 대접 받게 될 거예요. 경쟁도, 갈등도, 환경오염도 줄어들게 될 거고요."

"인구가 감소하는 데서 오는 혜택이 있기는 하겠죠, 그렇지만 그렇게 됐을 때 맞이하게 될 노인인구와 젊은 인구의 불균형은 어떻게 감당하죠? 돌봄이 필요한 노인은 점점 더 늘어날 텐데 그들을 돌봐줄 젊은 사람은 점점 더 줄어든다면 노인들의 삶의 질은 악화될 수밖에 없잖아요."

"미래에는 노인이 되어도 지금보다 훨씬 더 건강할 거예요. 그리고 꼭 사람이 아니어도 로봇이나 다른 다양한 방식으로 돌봄을 받을 수 있게 될 거고요."

"로봇보다는 사람이 낫지 않을까요?"

"로봇이 더 나을 수도 있어요. 하지만 사람을 원한다면, 왜 꼭 젊은 사람이 노인을 돌봐야한다고 생각하죠? 건강한 노인이 돌봄이 필요한 노인을 돌보는 방식도 얼마든지 가능하잖아요."

"그렇긴 하죠."

"저는 결혼과 출산이 줄어드는 현재의 양상이 나쁘지 않다고 생각해요. 아니, 그 정도가 아니라 결혼과 출산은 줄어야 한다고 생각해요. 그것이 다른 무엇보다 이 사회가 인간을 인간답게 대하도록 압박하는 방법이니까."

"결혼과 출산이 계속해서 준다면 얘기하신 압박 효과가 있을 수도 있겠죠. 하지만 그런 사회는 뭐랄까, 행복하지 않은 사회일 것 같은 생각이 드네요."

"결혼과 행복을 동일한 것으로 생각하는 건 망상이에요."

"지나치게 독단적인 주장 아닐까요?"

"그렇게 생각하고 싶으시면 그렇게 생각하세요. 하지만 제 의견에 동의하는 사람들도 많다는 걸 아셔야 할 거예요."

"민아씨가 결혼에 대해 부정적인 의견을 갖게 된 게… 혹시…."

"혹시 뭐요?"

"아니에요, 이 얘기는 그냥 안 하는 게 나을 것 같네요."

"아니요, 말해보세요. 뭔데요? 뭔지 꼭 듣고 싶어요!"

"그래요? 그렇다면 좋아요. 민아씨가 결혼에 대해 부정적인 생각을 갖게 된 게 혹시, 부모님 때문인가요?"

"네, 맞아요." 그녀는 겨우 그 말 때문에 그런 뜸을 들였느냐는 얼굴로 말했다. "부모님을 보면서, 부모님의 결혼생활을 보면서 저는 결혼이란 여성에게 얼마나 끔찍한 일인지를 깨달았어요. 저희 부모님은, 이혼하셨어요. 저는 그 결정이 엄마가 인생을 살면서 내린 결정 중 가장 현명한 것이었다고 생각해요. 처음에는 저도 우리 집만의, 우리 엄마아빠만의 문제라고 생각했어요. 하지만 더 많은 것들을 알게 되면서 결혼이라는 제도 자체가 여성에게 가하는 억압에 대해 깨닫게 되었죠. 결혼 관계는 주도권 다툼이 발생할 수밖에 없는 관계예요. 그리고 우리 사회는 그 주도권 다툼에서 남성이 훨씬 더 유리할 수밖에 없는 곳이고요. 그런 이 사회 속에서 결혼한 여성은 자기결정권을 침해당할 수밖에 없어요. 결혼을 했다는 이유 하나만으로요! 우리 사회에서 결혼은 여성을 합법적으로 억압할 수 있는 방식이에요. 결혼 제도에 포획되는 순간 여성은 주체적인 개인으로써의 삶을 박탈당하게 되는 거라고요!"

"결혼을, 다른 방식으로 볼 수는 없을까요?"

"다른 방식으로 어떻게요?"

"결혼은, 결혼에는 서로를 사랑하는 남녀가 한 팀을 이뤄 이 험난한 세상과 맞서 싸우는 방식이라는 의미도 있지 않을까요?"

그녀는 계속해서 말해보라는 눈빛으로 나를 바라보았다.

"혼자라면 얼마나 외롭고 힘들겠어요. 물론 결혼관계에서 유사 이래로 지금까지 남성이 여성보다 비난받을만한 짓을 더 많이 저질러왔다는 것은 저도 동의해요. 네, 대체로 남성들이 나빴죠. 가부장적인 억압, 폭력, 희생 강요, 성적인 일탈 그리고 뭐 그밖에도 많겠죠. 그렇지만 제가 말하고 싶은 건… 그러니까… 남성은, 남성은 여성의 적이 아니라는 거예요. 우리 남자들은 여성의 적이 아니에요. 제가 보기에 남성들이 여성에게 적으로 보일 행동을 하는 이유는, 여성을 '제대로' 사랑하지 못해서예요. 그러니까 여성들이 남성에게 요구해야 할 것은 제대로 사랑하라는 것이지, 증오가 아니라고요! 저는 그렇게 확신해요."

"제대로 사랑하는 게 어떤 건지는 모르겠지만, 그런다고 해도 결혼제도가 우리 사회에서 작동하는 방식이 지닌 결함으로부터 완전히 자유로울 수는 없을 거예요."

"그럴지도요. 아니, 맞습니다! 그럴 겁니다. 하지만 그럼에도 그것은 추구해볼만한 가치가 있는 목표 아닐까요?"

"뭐가요? 결혼이요?"

"제대로 사랑하는 것, 그리고 결혼이요."

"그렇게 생각하신다면 원하는 대로 하세요. 하지만 저는 제가 생각하고 원하는 대로 할 거예요."

그녀에게는 분명히 그럴 권리가 있었다. 자신이 생각하고 원하는 대로 행동할 권리 말이다.

갑자기 피곤이 밀려왔다. 어느덧 시간은 10시를 향해가고 있었다. 나는 말없이 고개를 끄덕였다. 그녀도 더는 결혼제도에 대한 공격을 이어가지 않았다. 그렇게 우리는 한동안 말없이 앉아 있었다.

22

그녀와 헤어져 지하철을 타고 집으로 돌아오는 내내 허탈했다. 내가 품었던 긍정적인 기대가 생각보다 컸나보다.

그래도 대화 자체는 재미있었다. 좀 비싸긴 했지만 초밥도 맛있었고. 시간이 흐르면 좋은 추억거리로 남게 될 거다. 좋은 추억거리 말이다.

내가 좋아하는 말이 있다. 목적은 결과가 아니라 과정 자체에 있다, 라는 말이다. 진짜로 그렇게 믿을 수만 있다면 인생은 훨씬 더 행복한 것이 될 수 있지 않을까. 결과란 무언가? 결국, 죽음 아닌가.

독서모임을 통해 그녀를 알게 된 후 오늘 저녁을 먹으며 이야기 나눴던 시간까지, 모든 과정들은 충분히 즐거웠다. 그거면 된 거다. 바로 그것이 목적이었으니 말이다.

어쨌든 이제 한 가지는 분명해졌다. 내가 연애 상대로 접근해야 할 대상이 그녀가 아니라는 것 말이다. 그럼 그런 대상은 누구인가? 두말 할 것 없이 지은이다. 어쩌면 나는 민아를 지나치게 이상화한 건지도 모른다. 그녀와 마주하면 자연스럽게 시작되는 입씨름을 실제 이상으로 흥미진진하게 여겼던 것인지도 모른다. 어쩌면 내가 그녀에게서 받았던 첫인상이 보다 정확한 것일 수도 있다. 첫인상이 중요하다고들 말하지 않는가.

이제 더는 그녀에게 연락하지 않을 거다. 짧아서 좀 아쉽긴 하지만 그래도 충분히 좋은 추억거리 하나 건진 거라고 생각하겠다. 그건 그렇고, 다시 지은-이제부터 나의 '그녀'는 지은이다-에게 연락해서 뭐라고 해야 할지 고민이다. 사당역 근처 카페에서 만난 후로 한 번도 연락하지 않았는데 후회된다. 민아와 연락하는 중간에 한번 정도 안부라도 물어보았다면 좋았을 걸…. 하지만 이미 지나간 일, 후회해도 소용없다. 앞으로 어떻게 할지가 중요할 뿐.

근데 생각하면 생각할수록 웃기다. 비혼주의라니. 그럼 결혼하고 싶은 사람은 결혼주의자인가? 언제부턴가 무슨무슨 주의로 자신의 정체성을 포장하는 사람들이 늘고 있다. 그건 자기만의 생각이 부족하다는 증거일 수 있다. 자기 생각이 뚜렷한 사람은 다른 사람이 만들어놓은 틀에 자신을 끼워 넣는 걸 싫어하기 때문이다. 어떤 한 개인에 대해 완벽하게 설명해주는 이념이나 사상은 존재하지 않는다. 그런 것은 존재할 수 없다. 오직 어떤 주장이나 구호, 철학으로도 완벽하게 설명될 수 없는 개인이 존재할 뿐이다. 그녀의 개인사가 결혼에 대한 혐오를 부추기는 사상의 수용을 용이하게 하는 측면이 있다 할지라도 그녀는, 노력해야 할 것이다. 자신만의 독자적인 생각과 세계관을 구축하는 일을 말이다. 물론 그것은 피곤한 과업이다. 이미 존재하는, 누군가에 의해서 만들어진 주장과 세계관을 수용하는 것이 훨씬 쉽다. 그러나 그렇게 쉬운 길을 쫓아갈 때, 자기 머리로 고민하고 씨름하는 노력을 하지 않을 때 그는 결국 자기 자신의 삶을 살지 못하게 된다. 다른 누군가에 의해서 규정된 삶을 살 수밖에 없게 된다는 말이다. 이런 얘기를 늘어놓는 나도 완벽하게 나 자신의 삶을 사는 것은 물론 아니다. 그것은 어떤 인간도 달성할 수 없는 목표다. 다만 달성 불가능한 그 목표를 바라보며 한 걸음씩 걸어가느냐 아니면 편한 길, 편한 방법을 따라 고민 없이 사느냐만 있을 뿐.

애기가 너무 거창해졌는데 여하튼 내가 하고 싶은 말은 이거다. 나는 오늘 일어난 일에 대해 아쉬움이 없으며, 아니 정정하겠다, 약간의 아쉬움을 느끼긴 하지만 그것은 대단한 것이 아니며 오히려 만족감까지 느끼고 있다는 것이다. 일은 되어야 할 방식대로 일어났다. 나는 그것에 대해 불만이 없다. 조금도 말이다! 젠장, 빨리 씻고 잠이나 자야겠다.

23

삼성전자의 주가가 다시 60,300원으로 올랐다. 이것만 봐도 알 수 있듯 시간을 두고 기다리면 회복은 이루어진다.

24

그녀에게 연락했다. 지은 말이다. 그동안 잘 지냈느냐고 간단히 안부를 물은 후 다음 주에 시간 괜찮으면 점심이나 같이 먹자고 했다. 그녀는 미안한데 그럴 수 없을 것 같다고 했다. 그리곤 만나는 사람이 생겼다고 했다. 그사이에 만나는 사람이 생겼다고? 3주 만에? 그것도 지금처럼 사람 만나기 힘든 코로나 시대에?

아마도 거짓말일 것이다. 나와의 만남을 원치 않아서 둘러댄 거짓말. 나는 알겠다고 했다. 만나기 싫다는데 별 수 없지 않은가.

그렇게 그녀와의 관계가 정리되자 허탈함과 함께 차라리 잘 됐다는 생각이 찾아왔다. 나는 별로 상처받지 않았다. 이렇게 될 거라고 예상해서 그런 건 아니다. 그보단 그런 일로 상처받기에는 내가 많이 단단해졌기 때문이다. 어쨌든 결과는 나왔다. 이것으로 불필요하게 에너지 쏟을 필요 없는 부문이 확실해진 것이다.

이젠 본격적으로 재취업에 집중해야할 시기인 것 같다. 지난 한달 동안 채용정보 사이트에서 마음에 드는 구인공고를 본 기억은 없지만 눈높이를 조금만 낮춘다면 나 하나 갈 곳이야 없겠는가?

그런 마음으로 노트북을 열어 채용정보 사이트를 살펴보고 있는데 갑작스럽게 혼자 사는 삶에 대해 생각해보고 싶어졌다. 지금은 혼자 사는 삶이 대세인 시대 아닌가.

나는 혼자 사는 삶에 대해 부정적으로 보는 편이다. 배우자와 자녀가 없는 삶은 뭔가 불안정해 보이기 때문이다. 그러나 생각은 언제든 달라질 수 있고 달라진다. 혼자 사는 삶에 대한 생각도 마찬가지다. 지금 나는 혼자 사는 삶에 대한 생각을 바꾸는 중이다. 그것을 꼭 부정적으로만 볼 필요는 없을 것 같기 때문이다. 배우자와 자녀가 있다고 해서 다 안정적이진 않다. 같은 맥락에서 혼자 사는 사람 중에서도 안정감을 느끼는 사람은 있다. 아마도 꽤 많이 있을 거다. 어떤 면에서 인간은 결국 혼자 사는 거 아닐까? 배우자가 있든 없든, 자녀가 있든 없든 말이다. 지금은 혼자 살기 아주 좋은 시대다. 밥해먹기 귀찮으면 배달시켜 먹거나 햇반 사다 전자레인지에 돌려 먹으면 되고 반찬도 온라인으로 얼마든지 주문할 수 있으니까. 지루함을 덜어줄 유튜브 영상도 무한하게 널려있고. 이런 시대에 왜 굳이 번거롭고 피곤하며 비용도 많이 드는 누군가와 함께 사는 삶을 추구해야 한단 말인가.

물론 혼자 사는 삶은 외롭다. 그것은 부인할 수 없는 사실이다. 그리고 또 혼자 살기 위해선 돈이 중요하다. 혼자 산다는 건 사람을 의지하는 게 아니라 돈을 의지한다는 것과 같은 뜻이니까. 혼자 살 때 나를 돌봐줄 수 있는 건 오직 돈뿐이다. 감기에 걸려 콜록거릴 때 따뜻한 생강차를 타서 가져다줄 사람은 없다. 감기약을 사다 먹는 데 충분한 돈을 지닌 내가 있을 뿐.

아마도 우리 세대는 넷 중 하나, 아니면 셋 중 하나는 평생을 혼자 살 게 될 것이다. 그런 추세에 맞춰 세상은 점점 더 혼자 살기 좋은 곳이 되어갈 거고. 그렇지만 혼자 살기 위해선 반드시 친구들이 많아야 할 거다. 아무리 반려견이 있고 유튜브가 있어도 살아있는 사람과 대화를 주고받는 것에 댈 수는 없으니까. 그런데 나는 친구가 별로 없다. 친구야 만들면 되는 거 아니겠냐고 말할지도 모르지만 진정한 우정은 절대로 순식간에 만들어지는 것이 아니다. 그럼 나는 지금부터 많은 사람들과 우정을 쌓기 위한 노력을 해야 하는가? 오, 그것은 귀찮은 일이다. 돈이 들어가는 일이기도 하고. 그런 노력을 할 바엔 연인을 만드는 노력을 하는 게 훨씬 더 나을 것이다. 근데 그렇다면 얘기는 돌고 돌아 혼자 사는 삶을 위해서 가장 필요한 것은 연인이라는 말인가?

물론 그것은 말도 안 되는 소리다. 뭐 세상엔 항상 말도 안 되는 소리가 넘쳐났지만 말이다.

　　어쨌든 나는 이번 일을 계기로 혼자 사는 삶에 대한 생각을 조금 바꿨다. 그것만으로도 이번 일은 내게 어느 정도 유익했다고 할 수 있으리라. 이래서 세상에서 일어나는 모든 일에는 좋은 면과 나쁜 면이 있다고 하나보다. 좋은 면과 나쁜 면이라, 그것에 대해서도 생각해보아야겠다. 좋은 면이 대략 몇 퍼센트인지를, 그리고 나쁜 면은 또 몇 퍼센트인지를 말이다.

25

아침을 먹고 삼성전자의 주가를 확인해보니 61,200원으로 올라있었다. 드디어 때가 된 것이다!

그러나 다시 생각해보니 내가 산 가격에서 고작 300원 오른 거였다. 한 주당 300원, 49주면 14,700원. 거기서 세금이랑 수수료 떼면 만원이 될까 말까한 돈이었다. 고작 그 돈 벌자고 한 달 넘게 기다렸단 말인가.

'조금 더 기다려야겠다. 최소한 500원은 넘게 오를 때까지. 그러니까 61,400원은 넘을 때까지.'

처음에는 계획대로 될 것 같았다. 정오 즈음해서 다시 확인해보니 61,300원으로 올라있었으니까. 하지만 그게 정점이었다. 그다음부터 다시 쭉 빠졌다. 어디까지 빠졌는지 궁금한가? 59,700원. 젠장, 그냥 61,200원일 때 팔았어야 했는데.

왠지 앞으로 한동안은 60,000원대를 회복하지 못할 것 같은 예감이 든다. 두 달 넘게 그냥 쥐고만 있어야 할 것 같은 불길한 예감…. 이래서 때를 놓치지 말아야 한다고 그러나보다. 그냥 300원 올랐을 때 팔았다면 그 돈으로 다시 주식을 사서 두 달 동안 단타로 20만원은 벌 수 있었을지도 모르는 일 아닌가.

해보니까 주식이란 게 생각보다 더 사람을 안달하게 만드는 것 같다. 나로 말하자면 뇌의 일부분이, 한 20퍼센트 정도가 항상 주가에 관심이 쏠려 있다. 주가변동 상황을 휴대폰으로 손쉽게 파악할 수 있기에 하루에도 스무 번씩 확인을 하는데 그런 시간을 다 합치면 꽤 될 거다. 확인결과 주가가 떨어져 있으면 덩달아 기분도 안 좋아진다. 오르면 기분이 좋아지지만 내가 산 가격 이상으로 올라야 팔 수 있으므로 그 이하에서 올랐다 내렸다 하는 건 크게 의미가 없다. 주가변동에 초연한 채로 장기투자를 할 수 있다면, 그래서 한 달에 한 번 정도만 주가를 확인한 후 올랐으면 팔고 아니면 다음 달을 기약하는 식으로 주식투자를 할 수 있다면 참 좋을 텐데…. 그러나 그렇게 할 수 있는 사람은 거의 없을 것이다. 주식으로 짧은 기간에 수익을 거둔 경험이 있는 사람 중에선 특히.

재취업 관련해선 몇 군데 알아보았는데 조건이 썩 내키지 않는다. 급하게 일자리를 구할 필요는 없으니 한 달 정도 더 시간을 두고 찾아봐야겠다.

26

종우한테서 연락이 왔다. 장례식을 마친 후 와줘서 고맙다
고 문자를 보내온 게 거의 두 달 전 일이니 꽤 오래간만에 온
연락이다.

"통화 괜찮아?"

저녁식사 중이었기에 입안에는 밥알이 가득했고 손에는
아직 반도 먹지 않은 밥그릇이 들려 있었지만 그냥 괜찮다고
했다.

"잘 지내고 있어?"

나는 잘 지내고 있다고 대답했다. 실제론 별로 그렇지 않았
지만.

"실은 나 일 그만뒀어."

"그래? 그럼 지금 쉬고 있는 거야?"

"어, 조금 쉬었다 지난번에 말한 쿠팡일 하려고. 너는 다시
일 시작했어?"

"아니, 아직."

"그렇구나. 언제 밥이나 한번 같이 먹자. 내가 살게."

나는 그러자고 했다.

"혹시 지금도 그거 하고 있어?"

"뭐? 어떤 거?"

"그때 말했던 거 있잖아. 독서모임."

"아, 그거 끝났어. 지금은 안 해."

"그래?" 목소리에서 희미한 아쉬움이 묻어났다. "그렇구나…. 지금도 하고 있으면 나도 같이 할까 했는데."

나는 굳이 나랑 같이 할 필요 없이 혼자서 해도 좋을 거라고 말해주었다.

"그래도 한번 해본 사람이랑 같이 하면 더 좋잖아. 혹시 또 할 생각은 없어?"

나는 없다고 대답했다. 다 끝나고 나니 독서모임에 대한 생각도 좀 달라졌다고 했고.

"어떻게 달라졌는데?"

"지난번엔 내가 너무 좋게만 얘기했던 거 같아. 사실 이것도 사람들이 모여서 하는 일이다보니 짜증나는 것도 많아."

"그래? 어떤 게 짜증나는데?"

나는 마음에 들지 않는 책도 억지로 읽어야 하고 가끔 얘기하다 언쟁이 벌어지는 경우도 있는데 그런 것들이 짜증났다고 얼버무렸다.

"그렇구나…. 일 시작하기 전에 한번 해볼까했는데 그만둬야겠네."

의욕적으로 뭔가를 해보려는 녀석의 의기를 꺾은 것 같아 독서모임 플랫폼은 다양하게 있으니까 천천히 알아보고 잘 선택한다면 재밌는 경험을 하게 될 수도 있을 거라고 말해주었다. 녀석은 시큰둥한 목소리로 알겠다며 또 연락하겠다고 했다.

통화를 마치고나자 민아와 지은에 대한 기억 때문에 괜히 친구 녀석이 기대했던 일에 찬물을 끼얹은 것 같아 미안한 마음이 들었다. 그러나 그것은 잠시였고 녀석 때문에 다시 떠오른 민아에 대한 생각이 이어졌다. 여러 가지 생각을 했는데 그 중 가장 주되고 반복적으로 했던 생각은 이거다. 왜 나는 그녀에게 직접적으로 대놓고 사귀자고 한 걸까? 그러지 말고 그냥 계속 연락을 주고받으며 친구처럼 지내다 적당한 타이밍이 왔을 때 자연스럽게, 암시적으로 마음을 보여줬다면 더 좋았을 텐데.

고백을 통해 연애를 시작하는 건 성공확률이 그다지 높지 않은 방법이다. 특히 상대에 대해 깊이 알지 못하는 상태에서는. 나는 네가 좋은데 우리 연인관계를 시작하는 거 어때? 라는 말은 굉장히 부담스러운 요청이다. 너무 부담스럽기에 쉽사리 응하기 어려운, 그래서 뒷걸음질 치기 쉬운, 따라서 실패로 끝날 확률이 높은 방식. 그런데 나의 경우는 생각보다 성공확률이 높았다. 세 번 중에 두 번은 성공했으니 말이다. 아마도 그래서 그녀에게 같은 방식을 썼던 것 같다. 그녀의 성격에 이 방식이 잘 맞을 것 같기도 했고. 하지만 조금 더 생각해보니 그런 이유보다는 조급함 때문이었던 것 같다. 이 답답한 코로나 시대의 무기력을 한방에 날려줄 특별하고 매력적인 존재에 대한 갈망 말이다.

조급할수록 돌아가라는 말이 있다. 조급하면 될 일도 안 되기 때문에 생긴 말일 거다. 나는 너무 조급했고 그래서 현명하지 못한 방식으로 돌진했다. 후회스럽다. 이제 와서 후회해도 바뀔 건 아무 것도 없지만 말이다.

그런 생각을 한참 이어가고 있는데 갑자기 지난번 남양주에서 있었던 결혼식이 떠올랐다. 문이 잠겨 있던 결혼식 말이다. 그 생각이 떠오른 순간, 나는 이렇게 중얼거렸다.

"나는 또 한 번 결혼식에 늦은 것이다."

늦었다는 건, 문이 잠겨 있는 데서 깨닫게 되는 거니까.

27

아침을 먹고 양치를 한 후 곧바로 HTS를 실행시켰다. 어제 오후에 확인했을 때 삼성전자 주식은 종가로 60,200원이었다. 거기서 300원만 더 오르면 팔기로 마음먹었다. 내가 산 가격 이상으로 오르길 바라며 쥐고 있어봤자 시간만 갈 거라는 판단이 섰기 때문이다.

10분정도 모니터를 지켜봤는데 주가는 좀처럼 오르지 않았다. 60,200원에서 60,300원 사이를 지루하게 왔다갔다 했다. 오늘은 반드시 팔 생각이었지만 60,200원에 팔기에는 너무 아깝게 느껴졌다. 그러면 한 주당 700원을 손해 보는 건데, 49주니까 총 34,300원이나 손해 아닌가. 그래서 조금 더 기다리기로 했다. 포털 사이트에 접속해 30분쯤 뉴스를 뒤적거리다 다시 확인해보니 이번에는 60,300원에서 60,400원 사이를 오가고 있었다. 어차피 급할 거 없는데 장 마감 직전까지 추이를 지켜보다 팔아야겠다는 생각이 들었다. 그래서 노트북을 덮고 음식물 쓰레기를 갖다 버린 후 대청소를 했다.

청소를 마치고 나니 다시 주가 변동 상황이 궁금해졌다. 확인해보니 60,400원에서 60,500원 사이를 왔다갔다 하고 있었다. 잘하면 원금은 회수할 수 있을지도 모른다는 생각이 들었다. 하지만 웬걸, 점심을 먹고 난 후 다시 확인해보니 60,300원과 60,400원 사이로 떨어져 있었다. 아무래도 60,500원 이상은 오를 것 같지 같았다.

"오늘은 무조건 판다, 60,500원이든 60,400원이든 무조건 판다."

이런 비슷한 말을 뇌까리며 10분쯤 노트북 모니터를 노려보았던 것 같다. 그러는 사이 주가는 다시 60,400원과 60,500원 사이로 진입했다. 나는 곧바로 60,400원을 매도가로 입력한 후 49주 전량의 매도 주문을 냈다. 주문을 내기 무섭게 누군가가 내 주식을 사갔다. 세금과 수수료를 떼고 295만 137원이 들어왔다. 너무 순식간에 들어와서 진짜 돈이라는 느낌보단 그냥 숫자, 게임머니 같았다.

어쨌든 팔고 나니 후련했다. 약간 손해를 보긴 했지만 첫 투자에서 6만원 넘게 벌었던 걸 감안하면 전체적으론 3만원 정도 번 셈이었다. 두 달 가까이 주식투자를 하면서 조금은 배운 게 있다고 생각한다. 다른 회사는 몰라도 삼성전자는 어느 정도 가격에 사야 하고 팔아야 하는지 알 것 같다. 그 가격은 내가 처음에 샀던 수준과 팔았던 수준에 대략 일치한다. 그러니까 삼성전자의 주가가 다시 58,800원 수준으로 떨어졌을 때 사면된다는 얘기다. 그리고 욕심 부리지 말고 거기서 700, 800원 올랐을 때 팔면 되고. 앞으로 나는 딱 그 정도로만 주식을 할 거다. 그 정도 가격대로 떨어졌다 올랐다는 수시로 반복되니까 단타로 조금씩 벌 수 있을 거다. 그것도 모으면 적지 않은 돈이 될 거다.

28

주식을 그만둘 생각이다. 왜냐고? 나는 주식에 맞지 않는 인간이란 걸 깨달았기 때문이다. 나는 오늘 나 자신이 끔찍하게 멍청한 존재라는 걸 분명히 깨달았다. 나는 구제불능일정 도로 멍청하다. 그것을 오늘처럼 분명하게 깨달은 적은 결코 없었다. 나의 멍청함을 직시하는 시간은 끔찍했다. 나는 또다시 그런 경험을 하고 싶지 않다.

시작은 어제 오후에 확인해본 삼성전자 주가였다. 이미 팔아서 오르든 말든 나와 아무 상관없는 삼성전자의 주가를 확인해 본 건 순전히 궁금증 때문이었다. 얼마나 올랐는지 또는 떨어졌는지에 대한 궁금증 말이다. 놀랍게도 삼성전자의 주가는 65,400원을 넘어 있었다. 마치 누가 장난이라도 친 것처럼 내가 팔고 난지 딱 일주일 만에 5,000원이 오른 것이다. 속이 쓰렸다. 나는 내가 가지고 있던 주식을 급등하기 직전에 손해보고 팔아치운 것이다. 그런 생각으로 한숨을 쉬고 있는데 갑자기 대한항공의 주가가 궁금해졌다. 삼성전자의 주가를 확인할 때면 자주 함께 확인하곤 했던 대한항공의 주가 말이다. 대한항공은 25,400원으로 올라있었다. 두 달 전만 해도 18,000원이었는데! 대한항공이 아시아나항공을 인수한다는 뉴스를 본 것 같은데 그것 때문인 것 같았다.

점심을 먹고 다시 한 번 두 회사의 주가를 확인해보았다. 놀랍게도 대한항공의 주가가 28,200원으로 올라있었다. 몇 시간 만에 3,000원이 오른 것이다. 엄청나게 거품이 꼈다는 생각이 들었다. 조만간 크게 떨어질 게 분명했다. 예상대로 장을 마쳤을 때는 주가가 떨어져 있었다. 그러나 크게는 아니었다. 26,950원이었으니까. 그러거나 말거나 나는 이 거품잔치에 동참하지 않겠다, 그런 생각으로 오후를 보내고 저녁을 먹으며 TV 뉴스를 보는데 대한항공의 아시아나 인수에 대한 소식이 길게 보도되었다. 대한항공의 주가가 급등한 것에 대한 보도도 있었다. 그때도 그러려니 했다. 그런데 저녁을 다 먹고 설거지를 하고 책을 좀 읽다 잠자리에 들려고 하는데 이런 생각이 찾아왔다.

'지금이라도 이 상승장에 올라타는 거 어때?'

그것은 그다지 현명한 생각이 아니었다. 나도 그쯤은 안다. 그런데 이상하게도 계속 그런 생각이 들었다. 상승장이 끝나기 전에 빠르게 산 후 조금 올랐을 때 빠르게 판다! 초단타 말이다. 이걸 영어로는 스캘핑이라고 부르는 걸로 알고 있다. scalping. 아메리칸 인디언들이 전투 후에 적의 시체에서 머리 가죽을 벗겨 전리품으로 삼았던 행위에서 유래된 말인데 주식시장에서는 머리 가죽, 즉 아주 얇은 피부를 벗기듯 단타로 사자마자 팔아 약간의 이익을 취하는 투자방식을 의미한다. 상승장에서 주식을 산 다음 2, 3분 뒤 200원, 300원이 올랐을 때 곧바로 파는 식으로 말이다.

물론 그것은 그다지 좋은 투자방식은 아니다. 투자라기보다는 투기라고 불러야 마땅한 일이니까. 그러나 그런 생각이 계속해서 드는 것은 어쩔 수 없었다. 놀랍게도 나는 그날 잠자리에 누워 내일 아침에 일어나면 8시 50분에 HTS를 실행시키고 기다렸다 장이 열리자마자 바로 대한항공의 주식을 100주 사야겠다고 결심했다. 그런 다음 내가 산 가격에서 조금 올랐을 때 바로 파는 거다. 100주니까 300원만 올라도 3만원, 1,000원이 오른다면 10만원 아닌가. 그것은 충분히 가능한 일로 느껴졌다. 얼마나 그렇게 느껴졌는지 빨리 잠을 자고 일어나 내일이 되어 있기를 간절히 바랄 정도였다. 잠이 들었다 깨어난 것은 새벽 4시였다. 한시라도 빨리 주식을 사고 싶다는 마음 때문에 그렇게 일찍 깬 것 같았다. 다시 누웠지만 아무리 뒤척여도 잠은 주어지지 않았다. 결국 5시 조금 넘어 다시 일어난 나는 일찍 일어난 김에 밥도 일찍 먹고 투자에 뛰어들 준비를 했다.

　8시 40분이 됐다. 노트북을 열어 HTS를 실행시킨 후 장이 열리기를 기다렸다. 곧 장이 열렸다. 대한항공의 주식은 미친 듯이 올랐다. 27,750원, 27,800원, 27,850원, 27,900원, 27,950원, 28,000원! 초단위로 가격이 뛰었다. 동시에 나의 심장도 미친 듯이 뛰었다. 빨리! 빨리 50원이라도 더 쌀 때 사야 돼!

　그런데 나는 내가 생각하기에도 이상할 정도로 버벅거렸다. 손가락이 말을 잘 안 듣는 것 같았다. 가격은 계속 오르는데 매수 주문을 넣는데 시간이 많이 걸렸다. 28,200원, 28,250

원, 28,300원 계속 올랐다. 28,350원 됐을 때야 나의 매수 주
문은 이루어졌다. 얼떨결에 이루어진 느낌이었다. 그러나 다
음 순간 든 생각은 빨리 다시 팔아야 한다는 것이었다. 빨
리, 다시 떨어지기 전에 빨리! 주가는 계속 올랐다. 28,500원,
28,550원, 28,600원, 28,650원, 28,700원. 한동안은 더 오를
것 같았다. 그래도 욕심내지 말고 28,900원만 되면 팔자. 그
런 생각으로 매수창에 100주, 28,900원을 입력했는데 주가가
떨어지기 시작했다. 28,650원, 28,600원, 28,550원. 미친 듯
이 떨어졌다. 다시 오를 거야, 조금만 기다리면 다시 오를 거
야! 그런 생각으로 모니터를 지켜보고 있는데 주가는 어느새
27,850원까지 떨어져 있었다. 미칠 것 같았다. 또 고점에서 매
수하는 악수를 둔 것 같다는 생각이 들었기 때문이다. 그런데
다음 순간 주가는 다시 오르기 시작했다. 27,900원, 27,950원,
28,000원, 28,050원. 그래 조금만 더 올라라. 조금만 더! 이번
엔 욕심내지 말고 매수가에서 200원이라도 더 올랐을 때 바
로 팔자는 생각이 들었다. 200원이어도 100주니까 2만원 아
닌가. 주가는 계속 올랐다. 28,300원, 28,350원, 28,400원! 조
금만 더, 조금만 더 올라라! 28,450원, 28,500원! 드디어 때가
된 것이다!
　　그런데 그게 정점이었다. 주가는 다시 순식간에 빠지기 시
작했다. 28,450원, 28,400원, 28,350원, 28,300원, 28,200원,
28,150원, 28,100원, 28,000원, 27,900원….

나는 또 실패했음을 느꼈다. 그 느낌은 비참했다. 그래도 다시 반등할지 모른다는 희망을 가지고 30분쯤 더 모니터를 바라보았다. 그 30분 사이에 주가는 26,750원까지 떨어졌다. 더는 노트북 앞에 앉아 있을 필요가 없다는 생각이 들었다. 가슴이 답답했고 화가 났다. 다른 누구 아닌 나 자신에게 말이다.

노트북을 덮고 일어나 방안을 이리저리 걸었다. 누군가 밖에서 그런 내 모습을 보았다면 철창에 갇힌 생쥐를 떠올렸을 것이다. 나는 방안을 빙빙 돌다 멈춰서 다시 노트북을 열어 4, 5분 간격으로 주가를 확인했다. 주가는 계속 떨어져 정오쯤 되었을 땐 25,400원이 되어 있었다. 앉은 자리에서 30만원을 날린 것이다.

하지만 오후에 다시 오르지 말란 법은 없지 않은가? 그런 연약한 희망으로 나는 먹고 싶지 않은 점심을 건너뛰고 계속 5분 단위로 주가를 확인했다. 결과는 24,550원이었다. 내가 산 가격에서 3,800원이 떨어진 것이다. 노트북을 덮는데 가슴이 쓰렸다. 나는 또다시 결혼식에 늦은 것이다.

나는 분명히 깨달았다. 내가 얼마나 멍청한 놈인지를 말이다. 나는 지금 과장해서 말하는 게 아니다. 지금 이 순간 나는 분명하게 느낀다. 나라는 놈은 주식투자를 할 위인이 못된다. 나는 28,350원에 매수주문을 넣을 때 자신에게 이렇게 말했었다. 이게 진짜로 잘하는 걸까?

솔직히 말하자면 잘하는 것 같지 않았다. 그러나 도저히 참을 수가 없었다. 눈앞에서 초단위로 가격이 올라가고 있지 않은가. 샀다 바로 다시 팔면 앉은 자리에서 5만원은 벌 수 있을 것 같았다. 그것은 망상이었다. 나는 그것이 망상이라는 것도 느꼈다. 그러나 멈출 수가 없었다. 지금 올라타지 않으면 안 된다는 강박을 도저히 떨쳐낼 수 없었기 때문이다. 그렇게 나는 또 악수를 둔 것이다.

장 마감 후 뉴스를 확인해보니 대한항공이 아시아나 인수를 위해 2조 5,000억원의 유상증자를 결정했다고 한다. 유상증자를 통한 대한항공의 신주 발행주식수는 약 1억 7,300만 주. 기존 주주들의 주당순이익 희석 효과는 49.9%. 내년 추정 주당 순자산가치는 27,348원에서 20,906원으로 하락 예상. 요약하면 앞으로 아주 긴 시간동안 대한항공의 주가가 오를 일은 없을 거란 얘기였다. 악수 중에 최악수를 둔 것이다.

다시 한 번 말하지만 나는 멍청한 놈이다. 아주 끔찍하게 멍청한 놈.

29

차갑고 기분 나쁜 비가 추적추적 내렸다. 이런 음산한 날 나는 집밖으로 나갔던 것이다. 왜냐고? 비를 맞으며 미친 듯이 걷고 싶었기 때문이다. 목적지도 없이 발길 닿는 대로 말이다. 그러고 나면 가슴이 좀 후련해질 것 같았다. 그러고 나면, 답답한 마음이 조금은 풀릴 것 같았다.

하지만 그것은 완전히 잘못된 생각이었다. 답답한 마음은 조금도 풀리지 않았다. 아니, 한층 더 답답해졌다.

집으로 돌아와 젖은 옷을 벗고 뜨거운 물로 샤워를 했다. 손바닥만 한 욕실에 증기가 가득 차 안개가 낀 것 같은 상태가 됐다. 그런 상태에서도 나는 졸졸졸 나오는 뜨거운 물을 잠그지 않고 한참동안 틀어놓았다. 델 것 같이 뜨거운 물로 가슴 속 깊은 곳에 있는 답답함을 녹여버리고 싶어서 그랬는지 모르겠다.

샤워를 마치고 나와 책상 앞에 앉았다. 지금 내 상황과 나 자신에 대해 생각해보고 싶었다. 먼저 다시 직장생활을 시작해야 한다는 생각이 들었다. 어떤 일을 할 것인가? 예전에 했던 일은 싫었다. 새롭고 흥미로운 무언가를 하고 싶었다. 하지만 그게 무언지는 떠오르지 않았다. 거기다 지금은 코로나 시대 아닌가. 이런 시대에 새롭고 흥미로운 일을 시작한다는 게 과연 가능할까? 독서모임에서 만났던 취준생이 떠올랐다. 채용공고가 떠도 거의 경력직 위주라고 했던 말도. 갑자기 짜증이 났다. 그래서 소리 내어 이렇게 중얼거렸다.

"취직 따위는 당장 하지 않아도 서너 달은 아무 문제없어!"

그 말은 사실이었다. 하지만 그 말이 사실이라도 별로 위로가 되지는 않았다.

다른 것들을 생각해보기로 했다. 취업 말고도 생각할 것들은 많으니까. 그러나 생각은 좀처럼 진행되지 않았다. 그냥 모든 게 다 지긋지긋했다. 주식도, 계속되는 코로나도, 졸졸졸 나오는 수돗물도, 또다시 꼬르륵 대는 위장 때문에 어쩔 수 없이 입안에 처넣어야 하는 밥알까지도 다 신물이 났다. 과연 나는 이 지긋지긋한 삶에서 구원받을 수 있을까? 아니 그 이전에, 구원이란 게 존재하기는 하는 걸까?

과연 괜찮은 일자리를 구하면 해결되는 것인가? 주가가 오르면 해결되는 것인가? 코로나가 끝나면 해결되는 것인가? 연애를 하고 결혼을 하면 해결되는 것인가? 그런 일들이 일어나면, 그러면 과연 해결되는 것인가?

나는 인간은 동정 받을 만한 존재라고 생각한다. 나는, 나름대로 열심히 살아왔다. 나뿐만 아니라 우리 세대 대부분이 열심히 살아왔을 거라고 생각한다. 아니, 어쩌면 대부분이 아니라 '모두'일지도 모르겠다. 왜냐하면 아무리 편해 보이는 인생도 조금만 깊이 내막을 들여다보면 다 나름의 고통과 투쟁 속에 살아가고 있기 때문이다. 그러나 나의, 그리고 우리 모두의 노력이 만들어낸 것은 무엇인가? 행복인가? 적어도 정신이 온전히 박힌 사람이라면 그렇게 말하기는 어려울 것이다. 코로나 시대가 그것을 상징적으로 나타내주고 있지 않은가. 그러니까 노력의 결과는 실직이고 폐업이며 자살인 것이다. 어쩌면 우리는, 인류는 항상 코로나 시대를 살아왔는지도 모른다. 지금처럼 선명하게 그 사실과 마주하진 않았을지라도 말이다.

나는, 그리고 우리 모두는 출구 없는 미로에 갇힌 것이 아닐까? 탈출하기 위해 아무리 발버둥쳐도 벗어날 수 없는, 오히려 그럴수록 점점 더 가라앉을 수밖에 없는 늪에 빠진 것은 아닐까? 우리를 구원해줄 수 있는 것은 우리의 노력이 아닌 어떤 은총이라고밖에 말할 수 없는 외부의 전적인 개입인 건 아닐까?

인생이란 무엇인가? 즐거운 것인가? 아니면 허무한 것인가? 즐거울 때도 분명 있다. 이를테면 관심 가는 여자가 생겼을 때, 그리고 그 여자와 잘 될 때. 그렇지만 결론적으로 보았을 때 인생이란 허무한 거라고 말할 수밖에 없지 않을까? 종우 어머니의 장례식에 다녀왔을 때도 그런 생각을 했고 추석에 집에 갔다 아버지와 말다툼만 하고 온 날도 그런 생각을 했다. 또 민아와의 실패한 만남을 뒤로하고 집으로 돌아올 때도 그랬고, 지금도 그렇다. 인생은 짧고 그 짧은 인생에서 가장 행복한 순간은 사랑을 할 때다. 그런데 나는, 그리고 모든 인간들은 사랑을 제대로 하지 못한다. 사랑하면서도 미워하고 사랑하면서도 상처를 준다. 그러다가 끝나는 것이다. 갑작스럽게 또는 갑작스럽지는 않을지라도 마찬가지로 허무하게.

다시 민아가 생각난다. 그녀는 아마도 아주 잘 살고 있을 것이다. 나는 그녀와 잘 되지 않았다고 해서 후회하지는 않는다. 우리는 거기까지였고 그렇다면 그걸로 충분한 것이다. 나는 조금도 외롭지 않다. 다만 지긋지긋할 뿐이다. 그녀도, 코로나도, 주식도, 허무한 인생도 모두가 다 말이다. 그렇지만 나는 외롭지 않다. 그것만은 분명하다. 나는 그거 하나만은 확실히 안다. 나는 외롭지 않다. 그런 생각이 든 순간 나는 그것을 입 밖으로 내뱉고 싶어졌다. 그래서 그렇게 했다.

"나는 외롭지 않다. 나는 외롭지 않다. 나는 결코 외롭지 않다. 나는, 그러니까… 외롭지 않다. 나는 절대로 외롭지 않다. 나는……"

이런 비슷한 소리를 한참 동안 중얼거렸을 거다. 덜떨어진 바보처럼 말이다. 그렇게 중얼거리고 또 중얼거리기를 얼마나 반복했을까, 나는 잠에 빠져들었다. 침대로 가서 누운 기억은 없다. (그러나 아침에 일어나보니 침대에 누워있었다) 그리고 꿈을 꾸었다. 그것은 참으로 기이한 꿈이었다.

그 꿈에서 나는 죽음을 맞이했다. 내가 어떻게 죽음에 이르게 된 건지는 모른다. 그냥 죽었다는 게 느껴질 뿐이었다. 나는 내가 죽어서 내세로 들어가고 있음을 느꼈다. 어두운 터널 같은 곳을 통과했는데 지금 생각해보니 터널이 아니라 우주 공간 같기도 하다. 무수히 많은, 작은 별처럼 반짝이는 것들을 보았기 때문이다. 어쨌든 그런 어둠을 통과해 도착한 곳은 눈이 시릴 정도로 파란 하늘이 펼쳐진 초원이었다. 한없이 밝고 한없이 맑고 한없이 푸르른 초원.

그곳에는 마스크도 코로나도 없었다. 누가 내게 그런 말을 해준 건 아니었지만 나는 즉시 알 수 있었다. 태곳적 깨끗함을 간직한 신비로운 낙원 같은 그곳에 코로나바이러스 따위는 존재할 수 없다. 누군가가 나와 똑같은 꿈을 꾸었다면 그도 곧바로 그것을 느꼈을 것이다.

나는 주위를 두리번거렸다. 내가 그곳에 온 데는 무언가 이유가 있을 거라고 생각했기 때문이다. 그런데 저쪽 아주 멀리서 어떤 남자가 내게로 다가오는 것 같았다. 남자는 천천히 걸어왔는데 그의 얼굴에선 눈부신 빛이 났다. 문자 그대로 태양 같은 빛이었다. 하지만 이상하게도 남자가 가까이 다가오자 광채가 여전했음에도 불구하고 나는 그를 여느 사람처럼 편하게 바라볼 수 있었다. 광채가 여전했는데도 말이다.

남자는 부드러운 목소리로 내게 말했다. 그가 말한 게 무슨 내용인지는 기억나지 않는다. 그러나 확실한 건 그 말이 인생과 지상의 기쁨, 가족, 부모님, 사촌형, 종우, 그리고 민아인지 지은인지 아니면 또 다른 누구인지 알 수 없는 어떤 여자에 관한 생생한 이야기였다는 것이다. 또 그것은 아이들과 나비, 잠자리, 빛나는 햇살, 연두색 나뭇잎과 달콤한 꽃향기에 관한 이야기였고 삶의 모든 기쁨과 아름다움에 대한, 어떤 영감을 주는 말이었다. 나는 그 이야기의 내용은 정확하게 기억하지 못한다. 그럼에도 그 이야기를 들었을 때 기분이 좋아지며 가슴속 깊은 곳에서부터 알 수 없는 희망이 차오름을 느꼈다. 마치 제2의 인생이 시작된 느낌이었다. 완전히 망쳐버린 첫 번째 인생을 대신할 제2의 인생이.

남자는 이야기를 마치고도 한동안 자리를 떠나지 않았다. 그는 나의 눈을 바라보며 부드럽게 미소 지었다. 나는 그런 그와 함께 있는 것이 좋았다. 영원히 그와 함께 그렇게 서있고 싶을 만큼.

그러나 이내 남자는 그곳을 떠났다. 아니, 떠났다기보다는 사라졌다. 사라지기 전 그는 마지막으로 한마디를 더 했는데 그 마지막 말은 기억한다. 그것은 "살아라."였다. 아니, 어쩌면 "사랑해라."였는지도 모르겠다. 살아라, 사랑해라, 비슷하게 들리는 말 아닌가. 하긴, 우리가 진짜로 살아있는 순간은 오직 사랑할 때뿐이라고 할 수 있을 것이다. 그런 의미에서 살아라와 사랑해라는 같은 말인지도 모른다.

남자가 사라지자 나는 그 햇살 내리쬐는 초원, 아니 낙원에서 다시 지상으로 이동했는데-어떻게 이동한 건지는 기억나지 않는다-이동을 마치고 현실로 복귀했음을 분명하게 느낌과 동시에 잠에서 깼다. 두말할 필요 없이 이상한 꿈이었다. 나는 이상하면서도 신비로운 그 꿈을 복기하려 노력하며 아침을 맞았다.

30

3주가 지났다. 아주 단조롭게 흘러간 3주였다. 하지만 아무리 단조롭더라도 3주는, 꽤 많은 일이 일어날 수 있는 시간이다. 실제로 많은 일이 일어났다. 우선 대한항공 주가가 다시 올랐다. 28,400원으로. 오른 이유는 대한항공이 코로나19 백신을 운송하는 화물 유통 수혜주로 꼽히고 있기 때문이라고 한다. 예상 밖의 일이었다. 백신으로 코로나19가 통제 가능해질 때까지, 그래서 해외여행이 가능해질 때까지 1년은 묵혀둬야 할 거라고 생각했는데 이렇게 빨리 다시 오르다니.

그것보다 더 흥분되는 일도 있었다. 그녀한테서 연락이 온 것이다. 민아 말이다. 의외였다. 그녀가 연락을 주다니. 연락은 어제 저녁 7시쯤 카톡으로 왔다. 그녀는 잘 지내고 있느냐고 물었다. 나는 그렇다고 대답했다. 거리두기가 2.5단계로 격상된 후에는 거의 자가격리 수준으로 지내고 있다는 말도 덧붙였다. 그러자 그녀는 자신도 마찬가지라고 했다. 수업은 줌으로 하고 친구들과는 카톡으로 대화하고 반찬은 온라인 쇼핑몰에서 배달시켜 먹는다고 했다. 나는 그 정도는 아니었다. 어제도 마트에 다녀왔으니까.

내가 마지막으로 집밖에 나간 게 언제였느냐고 묻자 그녀는 어제 오후에 하도 답답해서 잠깐 산책을 다녀왔다고 했다.

집 근처 공원에 갔는데 추워서 조금 걷다 금방 돌아왔다고 했다. 나는 웃음 짓는 이모티콘을 보내주었다. 그녀 역시 유사한 이모티콘을 보내왔다. 나는 코로나가 잠잠해지면 얼굴이나 한번 보자고 했다. 그녀는 좋다며 근데 언제나 그럴 수 있을지 모르겠다고 했다. 나는 뭐 언젠가는 그럴 수 있지 않겠느냐고 했다. 그녀는 동의했다.

그러나 그럴 수 있는 날은 아직 요원한 것 같다. 오늘 발생한 국내 코로나19 신규환자 수는 950명, 조만간 거리두기 3단계가 시작되지 않을까 싶다. 아마 3단계가 시작돼도 한동안은 확진자가 쏟아질 거다. 확진자가 줄어들더라도 코로나 상황은 꽤 길게 계속될 거고.

올 한해는 코로나와 함께 시작해 코로나와 함께 끝나는 것 같다. 2020년은 영원히 코로나19와 함께 기억될 거다. 감염, 확진, 거리두기, 선별진료소, 자가격리, 마스크 착용, 발열 체크, 손소독제, 역학조사, 비대면 온라인 수업, 이런 용어들과 함께 말이다. 그래도 시간은 흘러간다. 삶도 계속된다. 누군가는 돈을 벌고 누군가는 생계를 걱정한다. 누군가는 답답함을 느끼고 누군가는 우울함을 호소한다. 누군가는 결혼을 하고 누군가는 죽는다. 또 누군가는 태어난다. 그렇게 삶은 계속된다.

나 개인의 삶도 계속된다. 다시 직장을 구하게 될 거고 상대가 누가됐든 연애도 하게 될 거다. 삼십대에 접어들게 될 거고 그만큼 늙었음을 느끼게 될 거다. 부모님께 더 잘해야겠다는 생각을 할 테고 그러면서도 그렇게 하지 못해 마음아파 할 거다. 주식은 계속 할지 모르겠지만 하더라도 거기에 목매지는 않을 거다.

2021년엔 제발 코로나19가 종식돼 모두가 더 자유롭고 더 행복하게 살 수 있었으면 좋겠다. 백신접종이 시작되고 집단 면역이 형성되고 확진자 발생 건수가 줄어들고 결국 더 이상 확진자가 나오지 않는 그런 일이 일어났으면 좋겠다. 아마 그런 일은 일어날 것이다. 2021년이 아니라면 2022년에는. 또는 2023년에는. 언젠가는.

31

저녁을 먹고 어머니에게 안부 전화를 했다가 아버지가 일하고 있는 곳에서-퇴직하신 후 아는 분의 소개로 들어간 의정부에 있는 작은 공장이었다-코로나19 확진자가 발생했다는 얘기를 들었다. 아버지는 괜찮으신 거냐고 물으니 아직 집에 돌아오지 않으셨다고 했다.

"아버지가 확진자랑 접촉하신 거예요?"

"그건 아니고 아버지랑 같이 근무하는 분이 그랬나봐. 그래서 그분이 검사를 받았고 결과가 7시쯤 나온데."

"그럼 아버지는 그분 검사결과 나올 때까지 퇴근을 못하고 기다리시는 거예요?"

어머니는 그렇다고 했다. 그리고 만약 그 사람이 양성으로 판정되면 아버지랑 다른 근무자 전원이 검사를 받아야한다고 했다.

"혹시 최근에 아버지가 감기 증상이 있으셨어요? 냄새를 잘 못 맡으시거나 입맛이 없다거나 그러시진 않았어요?"

"아니, 오늘 아침에도 식사 잘 하시고 출근하셨는걸."

일단은 다행스러운 대답이었다. 하지만 초기에는 증상이 나타나지 않을 수도 있고 무증상 감염도 있으니 마음을 놓을 수가 없었다.

"이게 갑자기 무슨 날벼락 같은 일인지 모르겠다…."

나는 너무 걱정하지 마시라고 괜찮으실 거라고 말했다. 말은 그렇게 했지만 걱정스럽기는 나도 마찬가지였다. 코로나 상황이 심각하긴 했지만 부모님이 코로나에 걸릴 수도 있다는 생각은 해본 적이 없었기 때문이다.

어머니에게 결과가 나오면 알려달라고 말한 후 전화를 끊자 이런저런 생각들이 밀려왔다.

'혹시라도 확진 판정이 나오면 어떻게 되는 거지?'

아버지도 검사를 받게 되시겠지.

'아버지도 확진 판정을 받으면?'

그렇지 않을 거야,

'만약 그렇다면?'

그렇더라도 아버지는 건강하시니까 괜찮을 거야. 확진자 중 절반 정도가 무증상이라는 얘기도 있잖아.

하지만 사망자도 500명 넘게 나왔다는 사실이 떠올랐다.

'그건 고령에 기저질환이 있어서 그런 거고. 아버지는 고령도 아니고 기저질환도 없으시니 괜찮을 거야.'

예순하나면 고령이라고 할 수 있지 않을까?

'예순다섯은, 아니 일흔은 넘어야 고령이지.'

예순하나나 예순다섯이나 그게 그거 아니야?

'달라. 스물셋과 쉰여섯처럼 다르지는 않겠지만.'

계속해서 오만가지 생각이 머릿속을 스쳐갔다. 뉴스에서 보았던 인공호흡기를 끼고 누워있는 환자의 모습, 방호복을 입고 환자가 누워있는 침대로 다가가는 의료진, 고령도 아니고 기저질환도 없는 고등학생이 코로나19로 사망했다고 보도하는 뉴스 앵커의 모습, 일일이 열거할 수 없는 걱정을 증폭시키는 영상들이 계속됐다.

더는 그런 장면들을 떠올리고 싶지 않아 스스로에게 이렇게 말해주었다.

'아직 확실한 건 아무 것도 없어. 그러니까 미리 염려할 필요 없어. 염려한다고 해서 바뀌는 것도 없잖아.'

그래도 염려는 계속되었다. 가만히 앉아 있는 것보단 몸을 움직이는 게, 서서 돌아다니는 게 부정적인 생각을 떨쳐내는 데 나을 것 같아 비좁은 방안을 왔다갔다 했지만 효과는 별로 없었다.

그렇게 얼마나 시간이 흘렀을까, 휴대폰이 울렸다. 어머니였다. 어머니는 아버지 직장 동료가 확진 판정을 받았다고 했다. 그래서 아버지도 검사 받고 집에 오실 거라고 했다. 우려했던 일이 일어난 것이다.

나는 애써 침착한 목소리로 다시 한 번 어머니에게 걱정하지 마시라고 말했다. 그리고 그래도 혹시 모르니까 앞으로 식사는 아버지와 따로 하시라고 했다. 어머니는 어떻게 그러느냐고 했다. 나는 오늘 저녁이랑 내일 아침만, 검사 결과가 나올 때까지만 그렇게 하시라고 했다. 어머니는 한숨만 내쉬었다. 나는 또 한 번 괜찮을 거라고, 걱정하지 마시고 또 무슨 일 있으면 연락 달라고 말한 후 전화를 끊었다.

휴대폰을 책상 위에 내려놓자마자 온갖 생각들이 밀려왔다.

'만에 하나 아버지가 확진 판정을 받는다면 어떻게 되는 거지?'

격리 치료를 받게 되시겠지.

'그럼 어머니는?'

어머니도 밀접접촉자로 분류돼 검사를 받게 되시겠지.

'어머니까지 확진이라면?'

그렇지 않을 거야.

'그걸 어떻게 장담해?'

장담할 순 없지만 오늘 아침까지도 아버지는 밥 잘 드시고 아무렇지도 않으셨다고 했잖아. 그러니까 만에 하나 아버지가 확진 판정을 받더라도 아직 초기여서 어머니한테까지 전파되지는 않았을 거야.

'무증상 상태에서도 다른 사람을 감염시킬 수 있는 거 아냐?'

그럴 수도 있지, 하지만 괜찮으실 거야.

'근거가 뭔데?'

근거는 없었다. 괜찮기를 바라는 마음, 그것이 유일한 근거였다.

'괜찮으실 거야⋯. 혹시 걸렸다 하더라도 치료 받고 금방 회복하실 거고. 우리나라는 병원 시설도 좋고 사망자도 많지 않잖아.'

많지 않다고? 이미 500명 넘게 발생했고 계속 발생하고 있는데?

또다시 방호복과 인공호흡기가 떠올랐다. 다람쥐 쳇바퀴 돌듯 계속되는 그런 생각들을 끊기 위해 나는 지난 추석연휴에 집에 갔을 때의 일을 떠올려보았다. 그러자 점심식사를 마치고 소파에 앉아 꾸벅꾸벅 조시던 아버지의 모습이 그려졌다. 나는 지하철에서든 어디서든 초로의 어르신이 졸고 있는 모습을 보면 알 수 없는 연민을 느낀다. 그의 지난했을 인생과 수고와 꿈들이, 그리고 포기와 한숨들이 무방비상태로 드러난 서리 내린 머리카락과 주름진 감은 눈을 통해 느껴지기 때문이다. 나는 아버지의 조용한 졸음에서도 비슷한 것을 느꼈다. 그래서 아버지가 깨지 않도록 조심해서 내 방으로, 예전에 내 방이었던 곳으로 갔다. 방에 들어간 지 5분이나 지났을까, 어머니가 아버지에게 방에 들어가서 주무시라고 말하는 소리가 들려왔다. 아버지는 괜찮다며 소파에서 일어나 화장실로 가시는 것 같았다. 그 순간 나는 방문을 열고 거실로 나가 아버지에게 무언가 따뜻한 말을 한마디 해드리고 싶었다. 제가 안방에 이불을 깔아 놓을 테니 편하게 누워서 주무세요, 같은 말. 하지만 결국 그런 말은 하지 못했다. 화장실에 간 아버지가 지저분한 무언가를 발견했는지 청소를 시작하셨기 때문이다. 청소를 마치고 나온 아버지는 화장실 벽이 너무 지저분하다며 어머니에게 잔소리를 했다. 그 잔소리에 아버지에게 따뜻한 말을 건네고 싶던 마음은 싹 사라졌다. 왜 나는 이리도 변덕스러운 걸까? 모르겠다. 하지만 확실한건 아버지가 지적하고 지시하는 듯한 어조로 얘기하는 소리가 들리는 순간 좋은 의도를 품었던 내 마음은 식어버렸다는 것이다. 대신 이런 생각이 들었다. 왜 아버지는 저런 말을 해서 아내와 아들로부터 받을 수 있는 사랑을 스스로 밀쳐내 버리는 걸까. 아마도 자신이 가족의 사랑을 식게 만드는 행동을 하고 있다는 사실 자체를 인식하지 못하는 것이리라…. 결국 나는 방에서 나가지 않았고 아버지는 안방으로 들어가셨다. 그런 다음 기본소득과 관련한 말다툼을 벌이기 전까지 우리는 이렇다 할 대화를 나누지 않았다. 지금에서야 돌이켜 생각해보니 후회스럽다. 좀 더 따뜻하게 대해드렸어야 했는데 말이다.

불안과 후회가 계속되다보니 어느 순간부터 나는 마음속으로 기도라 불릴만한 것을 주저리기 시작했다. 제발 아버지를, 우리 가족을 지켜달라고 말이다. 위기 상황에 맞닥뜨리니 내가 아버지를, 부모님을 얼마나 사랑하는지 깨달았다. 나는 아버지가 경제관념이 없어도, 가짜 뉴스에 휘둘려도, 지긋지긋한 잔소리를 퍼부어도 좋으니 그 모습 그대로 계속 건강하게 내 곁에 계셔주셨으면 좋겠다고 생각했다. 그리고 내가 얼마나 개떡 같은 아들이었는지도 생각했다. 정말로 이번만 아버지를 지켜주신다면 효도하는 아들이 되겠다고 기도했다. 다시 직장생활도 시작하고 결혼도 하고 부모님이 바라는 모든 일을 다 하겠다고 했다. 무엇보다 돌아오는 토요일에 부모님의 집에 가겠다고 했다. 가서 음성이라니 정말 다행이라고,

몸보신 하시라고 닭고기 좀 사왔는데 드시라고, 이젠 더 자주 찾아 뵐 테니 같이 산책도 하고 얘기도 많이 나누자고 하겠다고 했다.

제발 내 기도가 이뤄지기를 빈다. 그래서 이번 주말에 아버지와 웃으며 삼계탕을 먹을 수 있기를 빈다.

32

아버지와 통화했다. 검사 결과가 나왔느냐고 물으니 아직 연락이 없다고 했다. 나는 몸은 좀 괜찮으시냐고 물었다. 아버지는 괜찮다고 했다.

어제 저녁에 휴대폰으로 검색해보니 코로나19 검사 결과는 음성이면 문자로, 양성이면 전화로 통보해주는 것 같았다. 그래서 혹시 문자는 확인해보셨냐고 물으니까 확인 안했다고 하셨다. 나는 바로 확인해보시라고 했고 아버지는 잠시만 기다리라고 한 후 문자를 확인하셨다.

"문자도 안 왔네."

"그래요? 시간이 좀 걸리나 보네요."

아버지는 결과가 나오면 연락 주겠다고 했다.

통화를 마치고 시계를 보니 9시 20분이었다. 싱크대에 던져놓은 설거지거리를 처리하고 음식물 쓰레기를 갖다버렸다. 그런 다음 노트북을 열어 포털사이트에 올라온 뉴스들을 훑어보았다. 코로나19의 확산세는 점점 더 심각해지고 있었다. 어제 발생한 신규환자는 1,014명. 이제 하루 1,000명의 신규환자 발생도 그리 충격적으로 느껴지지 않았다.

대한항공의 주가도 검색해 보았다. 하락 중이었다. 조만간 27,000원 밑으로 내려갈 것 같았다. 처음 예상했던 대로 1년은 쥐고 있어야 할 것 같았다.

노트북을 덮은 후 몇 시나 됐나 확인해보니 아직도 9시 57분이었다. 결과 통보가 너무 늦는 게 느낌이 안 좋았다.

시간은 느릿느릿 흘러갔다. 30분이 3시간처럼 느껴졌다. 그러다 11시 40분이 막 지났을 때 휴대폰이 울렸다. 아버지였다.

"결과 나왔어요?"

"나왔어."

"뭐라고 그래요?"

"다행히 음성이래."

안도감이 밀려왔다. 나는 정말 다행이라고, 그동안 맘고생 많으셨다고 말했다.

"오늘 출근 하세요?"

"어, 바로 가야지."

나는 잘 다녀오시라고, 가능하면 일찍 퇴근하셔서 푹 쉬시라고 했다. 그리고 주말에 집에 가겠다고 했다. 아버지는 알겠다며 그날 보자고 했다.

통화를 마치자 어제 저녁부터 길게 이어졌던 긴장상태가 풀리며 나른함 비슷한 기분이 찾아왔다. 30분만 누워서 쉬어야겠다는 생각으로 침대에 몸을 던졌다. 그런데 막상 누우니 나른함은 사라지고 오히려 정신이 또렷해졌다. 그리고 그녀, 민아에 대한 생각이 찾아왔다.

그녀가 연락을 해온 게 벌써 4일 전이다. 이번에는 내 쪽에서 먼저 연락해보는 게 어떨까 생각도 했었지만, 어제오늘 아버지 일로 경황이 없어 아직 연락하지 않은 상태였다. 나는 그녀에게 연락한다면 무슨 얘기를 할지에 대해 생각해보았다. 특별히 할 말도 없으면서 연락했다는 인상은 주고 싶지 않았기 때문이다. 그렇게 이런저런 생각을 하고 있는데 문득 줌으로 만나서 얘기 나누는 거 어떠냐고 물어볼까? 하는 생각이 들었다. 물론 그녀와 내가 줌으로 만나 얼굴을 보며 대화를 나눌 만큼 친밀한 사이가 아니라는 건 안다. 하지만 왠지 그녀가 그런 내 제안을 받아들일 것 같은 예감이 들었다. 어쨌든 생각지도 않았던 연락을 먼저 해온 것은 그녀 아닌가.

나는 천천히 침대에서 몸을 일으킨 후 휴대폰을 집어 들었다. 그리고 그녀에게 잘 지내고 있느냐고 카톡을 보냈다. 그녀는 곧 답을 보내왔다. 잘 지내고 있다며 나는 어떻게 지내느냐고 물었다. 나는 나도 잘 지내고 있다고 대답했다. 그리고 학기는 잘 마쳤느냐고 물었다. 그녀는 그럭저럭 마무리했다며 아무래도 다음 학기는 휴학을 해야 할 것 같다고 했다. 왜 휴학을 하려느냐고 묻자 코로나 상황이 심각해지면서 대학원 수업도 전면 비대면으로 전환되었는데 장점도 있긴 하지만 불만족스러운 부분이 더 많아 휴학을 생각하고 있다고 했다. 나는 지금 같은 상황에선 한 학기 쉬는 것도 괜찮은 생각 같다고 말해주었다. 어차피 내년 상반기까지는 코로나 상황이 크게 달라질 것 같지도 않으니까.

그녀는 내게 일은 다시 시작했느냐고 물었다. 나는 올 연

말까지는 쉴 생각이라고 했다. 그녀는 모아둔 돈이 충분히 있다고 하셨죠? 부럽네요, 라고 했다. 나는 충분한 건 아니지만 당장 일하지 않아도 걱정하지 않을 만큼은 있다고 했다. 그런 다음 이렇게 카톡으로 대화를 주고받는 것도 좋지만 혹시 괜찮다면 줌으로 만나 얘기 나누는 거 어떠냐고 했다. 그녀는 잠시 생각하는 것 같더니 언제요? 라고 물었다. 언제인지를 묻는다는 건 만날 마음이 있다는 뜻, 나는 저녁 7시나 8시쯤 어떠냐고 물었다. (당장 만나자고 할 수도 있었지만 아무래도 조금 텀을 두는 게 좋을 것 같았다) 그녀는 오늘 저녁이요? 하고 물었다. 나는 그렇다고 대답했다. 그녀는 이번에도 잠시 생각하는 것 같더니 그럼 7시에 만나는 거 어떠냐고 했다. 나는 좋다고, 7시에 방을 만들어 주소를 카톡으로 보내겠다고 했다. 그녀는 알겠다고 대답했다.

　　그녀와의 교신을 마친 후 나는 줌 계정에 로그인해 회의실을 개설했다. 대략 어느 위치에 노트북을 놓고 카메라는 어느 정도 각도로 해야 화면에 잘 나오는지를 미리 테스트하기 위해서였다. 테스트 결과 책상 오른쪽 모서리에 노트북을 놓고 내 뒤로는 하얀 벽이 보이도록 하는 게 좋을 것 같았다. 만족스런 위치를 파악한 나는 노트북을 덮고 7시가 되기를 기다렸다.

33

6시 조금 넘어 머리를 감고 좋아하는 버건디색 티셔츠를 입은 후 노트북 앞에 앉았다. 비록 줌으로지만 그녀와 만난다는 생각에 가슴이 두근거렸다. 7시 정각에 줌 회의실을 만든 후 그녀에게 카톡으로 링크된 주소를 보내주었다. 그녀는 2분도 되지 않아 내가 만든 회의실로 들어왔다.

모니터에 떠오른 그녀의 얼굴은 익숙하면서도 낯설었다. 마스크를 쓰지 않아서 그런 것 같았다. 나는 설레는 마음으로 이미 물었던 거지만 그동안 잘 지냈느냐고 다시 한 번 물었다.

"네, 잘 지냈어요. 근데 소리가 좀 작은 것 같은데, 혹시 지금 노트북으로 하고 계세요?"

나는 그렇다고 했다.

"그럼 설정화면으로 들어가셔서 마이크 볼륨을 한번 확인해보실래요?"

그녀의 말대로 설정화면에 들어가 보니 마이크볼륨이 70퍼센트 정도로 되어 있었다. 나는 볼륨을 최대치로 올린 후 물었다.

"이제 잘 들리세요?"

그녀는 아까랑 똑같은 것 같다고 했다.

"그래요? 올렸는데 이상하네….'

그녀는 소리가 작아서 그렇지 아예 안 들리는 건 아니니까 그냥 얘기하자고 했다. 나는 얼굴을 노트북에 바짝 붙이고 물었다.

"이렇게 하면 더 잘 들려요?'

그녀는 웃으며 크게 차이 없다고 편하게 앉아서 말하라고 했다. 좀 작다 뿐이지 다 알아 듣는 것 같았다. 그래서 의자에 등을 기댄 편한 자세로 되돌아가 말했다.

"우선 다시 연락해줘서 고맙다는 말을 하고 싶네요. 연락줄 거란 기대 안 했는데.'

그녀는 웃더니 이렇게 말했다.

"궁금하더라고요. 어떻게 지내고 계신지.'

내 근황이 궁금했다니, 기분이 좋았다. 나는 사람들을 만날 수 없어 책 읽고 영화 보고 유튜브 보면서 단조롭게 지냈다고 했다. 그녀는 자신도 마찬가지라며 노트북과 스마트폰을 하도 많이 봐서 눈이 침침해진 것 같다고 했다.

"그럴 땐 눈을 충분히 쉬게 해줘야 돼요. 노트북으로 50분 작업했으면 10분은 쉬는 식으로요. 그리고 일부러 밖에 나가서 먼 곳 바라보고.'

"그래야 되는데 하다보면 그렇게 안 되잖아요. 50분 하고 10분 쉬고, 그런 거 잘 지키세요?'

"잘 지키진 못하죠, 근데 의식은 하고 있어요. 의식을 하고 있으니 두 시간, 세 시간씩 내리 모니터를 들여다보지는 않아요. 눈이 피곤하다는 느낌이 들면 바로 노트북 덮고 쉬죠."

"그런 건 좀 배워야겠네요."

우리의 대화는 부드럽게 흘러갔다. 그녀와 주고받는 말이 많아지면 항상 출현하곤 했던 논쟁과 대립의 상태는 나와 그녀 모두 조심스럽게 회피해서 그런지 나타나지 않았다. 나는 그녀에게 휴학을 하게 돼도 계속 서울에 있을 거냐고 물었다.

"네, 집이 서울인걸요."

왜 나는 그녀의 집이 서울이 아니라고 생각했던 걸까? 알수 없었다.

"아, 그래요? 그렇군요. 잘 됐네요."

"뭐가요?"

"서울에 계속 계신다니, 잘 됐다고요."

"코로나 때문에 어디 갈 수도 없는 상황이잖아요. 아니면 베트남이라도 한번 다녀오고 싶은데."

"베트남은 지금도 따뜻하겠죠?"

"지금쯤이면 밤에는 선선할 거예요. 여기처럼 춥지는 않겠지만."

우리는 베트남 얘기를 조금 더 했다. 나는 코로나가 끝나면 베트남에 꼭 한번 가보고 싶다고 했다. 그녀는 후회하지 않을 거라며 반드시 들러야 할 곳을 추천해주겠다고 했다.

이어서 그녀의 대학원 수업 얘기, 나의 일상에 대한 얘기, 며칠 전 그녀가 만들어 먹었던 떡볶이에 대한 얘기가 이어졌다. 나는 나도 떡볶이를 좋아하는데 직접 만들어본 적은 없다고 했다.

"저도 인터넷 검색해서 처음 만들어본 건데 생각보다 쉽더라고요. 고추장이랑 떡볶이 떡, 어묵, 대파, 설탕, 연두만 있으면 돼요."

"연두요? 그게 뭐죠?"

"연두 모르세요? 조미료요."

"아, 다시다 같은 거군요."

"다시다랑은 다르죠. 어쨌든 그게 들어가야 맛있어요."

그녀는 떡볶이 조리법에 대해 이것저것 얘기했다. 모니터를 통해 그런 그녀를 바라보고 있는데 갑자기 이런 생각이 들었다. 마스크를 벗은 그녀의 얼굴을 이렇게 오랫동안 본 건 처음이군.

"간단하죠? 한번 해서 드셔보세요."

설명을 마친 그녀가 그렇게 말했다. 나는 떡볶이를 해먹을 생각은 없었지만-그건 너무 귀찮은 일이다-그러겠다고 대답했다. 그다음은 내 차례인 것 같아 삶은 달걀을 맛있게 만드는 법에 대해 얘기했다. 끓는 물에 7분만 넣었다 노른자가 완전히 익기 전에 꺼내는 게 핵심이었는데, 그렇게 하면 노른자가 살짝 덜 익어 촉촉하고 부드러운 게 아주 먹기 좋았다.

그녀는 내 말을 잘 들어주었다. 뚫어질 듯한 눈으로 나를 바라보며-정확히 말하자면 모니터를 바라보며-아, 그래요? 같은 추임새를 넣어주기도 했다. 그녀에게 받아들여지고 있다는 느낌이 들었다. 그것은 행복한 느낌이었다.

그렇게 떡볶이와 삶은 달걀에 대한 이야기가 한참 이어지고 있는데 (그녀는 삶은 달걀을 떡볶이 넣어 같이 먹으면 맛있을 것 같다며 다시 떡볶이 얘기를 시작했다) 문득 시간이 궁금해졌다. 그래서 시계를 보니 7시 42분이었다.

"얘기 시작한 지 얼마 안 된 것 같은데, 벌써 40분이 지났네요."

"그래요? 시간 참 빠르네."

"근데 좀 이상하네요."

"뭐가요?"

"우리가 만나면 항상 시사적인 주제로 논쟁을 벌였던 거 같은데, 오늘은 그러지 않은 게."

그녀가 웃음을 터뜨리며 말했다.

"그럼 지금부터 시작해볼까요?"

나는 아니라고, 그냥 한번 해본 소리라고 했다. 잠시 대화의 소강상태가 나타난 후 그녀가 불쑥 말했다.

"근데 말이에요, 뭐 하나 물어보고 싶은데…. 지난번 만났을 때 하셨던 얘기 있잖아요, 우리 사귀는 거 어떠냐고 하셨던 거, 그거 지금도 유효한가요?"

생각지 못했던 그녀의 물음에 나는 조금 당황했다. 물론 그것은 즐거운 당황이었다.

"지금도 유효하죠."

"그렇군요. 알겠어요." 다음순간 그녀는 따지듯 물었다. "근데 왜 지금까지 연락 안 하신 거죠?"

왜 연락하지 않았느냐고? 연락하면 퇴짜 놓을 것처럼 굴게 누군데!

그러나 그런 생각은 속으로만 했을 뿐 이렇게 얼버무렸다.

"그건… 음… 뭐… 연락하고 싶다는 생각을 안했던 건 아닌데……"

"뭐 이미 지난 일이니 괜찮아요." 그녀는 관대하게 용서한다는 표정으로 말했다. "벌써 7시 47분이나 됐네, 저녁 드셨어요?"

나는 우리의 대화가 끝난 후 먹을 예정이라고 했다.

"그렇군요. 그럼 오늘은 이 정도로 하고 다음에 또 얘기 나누기로 해요."

나는 그러자고 했다. 우리는 조만간 다시 줌으로 만나기로 하고 헤어졌다.

노트북을 덮고 그대로 앉은 채 그녀와 주고받은 얘기에 대해 생각해보았다. 우리가 사귀는 것과 관련해 그녀의 마음이 긍정적인 방향으로 바뀐 것은 분명했다. 그녀는 왜, 어떤 이유로 마음을 바꾼 걸까? 알 수 없었지만 기뻤다.

다시 한 번 우리가 나눴던 대화의 주제에 대해 생각해보았다. 떡볶이, 삶은 달걀, 베트남 여행, 대학원 수업, 추위와 길고양이, 기타 일상적이고 평범한 얘기들…. 불현듯 그녀와 나는 막연히 짐작하는 것보다 훨씬 더 비슷한 존재인 게 아닐까, 하는 생각이 들었다. 그녀와 나, 여자와 남자 말이다.

다음에 다시 그녀와 얘기를 나눌 때 이 생각에 대해 말해봐야겠다. 그녀는 펄쩍 뛰며 그렇지 않다고 말할지도 모르겠다. 우리는 다르다고, 남자와 여자는 완전히 다르다고 말이다. 그 말이 맞을 수도 있다. (아마도 맞을 거다) 그러나 동시에 우리는 생각보다 훨씬 더 비슷하고 생각보다 훨씬 더 서로를 위해 필요한 존재인지도 모른다. 생각보다 훨씬 더 말이다.

34

어제오늘 부모님 집에 다녀왔다. 이번에는 결심한대로 충돌 없이 잘 지내다 왔다. 딱 한번, 아버지가 언제쯤 다시 취업할 생각이냐고 해서 당분간은 조금 더 쉴 생각이라고 했다가 잔소리를 들었을 때 짜증이 나 말대꾸를 좀 했지만 말이다. 하지만 분명한 건, 내가 먼저 아무 이유 없이 그런 말을 한 것은 아니라는 거다. "네가 지금 그렇게 시간을 허비하고 있으면"이란 말을 들었을 때, 나는 도저히 참을 수가 없었다. 그것은 너무도 지나친 말이었기 때문이다.

"허비"라는 단어가 출현하기 전까지 우리 사이의 대화는 더없이 부드럽고 따듯하게 흘러갔었다. 토요일 오전 11시 현관문을 열고 집에 들어섰을 때부터 저녁식사 중 갑자기 그 단어가 튀어나오기 전까지 8시간 동안 나와 아버지는 가장 이상적인 부자관계의 전형적인 모습을 보여주었다. 그런데 난데없이 튀어나온 그 말이 나를 공격한 것이다. 좋다. 공격이라는 단어는 지나친 표현일 수도 있다는 걸 인정하겠다. 그렇지만 정말로 묻고 싶다. 왜 굳이 그때, 8시간째 좋은, 아주 좋은 분위기가 계속되고 있는 그 시점에서 그런 단어를 사용해 나에게 상처를 입히셨느냐고. 아마도 아버지는 이렇게 대답하실 거다. 너에게 상처를 줄 생각은 없었다, 그냥 네가 걱정돼서 얘기를 하다 보니 무심결에 그런 말이 나오게 된 거다. 나도 안다. 사실은 그 말에 상처를 받는 내가 문제라는 걸. 하지만 그 순간에는 어쩔 수가 없었다. 아무리 나에 대한 걱정에서 나온 말이라 해도 현재의 나를 그런 식으로 매도하는 건 도저히 참을 수 없었다. 그래서 절대로 하지 않기로 마음먹었던 말을 했던 거고.

다시 한 번 말하지만 나의 말대꾸는 그리 심한 것은 아니었다. 잠깐 짜증 섞인 어조로 몇 마디 했을 뿐이고 아버지도 그런 나의 반응에 그 이상 뭐라고 하지 않으셨다. 살짝 고개를 드는 것 같았던 충돌은 곧 사그라졌다. 그리고 다음날 부모님 집을 떠날 때까지 비슷한 일은 없었다. 아주 좋은 분위기에서 인사를 드리고 현관을 나설 때까지 말이다. 그럼에도 나는 잠깐 출현했던 불화를 통해 나, 그리고 나를 포함한 모든 인간은 어쩔 수 없는 동물임을 다시 한 번 느꼈다. 우리 인간이 온전한 사랑을 하기 위해서는 완전한 형질 변경이 요구될 것이다. 외계에서 날아온 광선이, 아니면 코로나바이러스처럼 전파력 강한 선한 바이러스가 우리 모두를 순식간에 바꿔놓기 전에는, 우리는 절대로 제대로 사랑하지 못할 것이며 결국에는 상대에게 상처를 주고 말 것이다.

이 얘기는 이제 그만하겠다. 어쨌든 이번 방문은 아주 따뜻한 시간이었고 그럴 수 있었던 것에 감사함을 느끼고 있으니 그거면 충분하다.

아버지는 지나가는 말로 준성이형 얘기도 하셨는데 공부

방을 접고 쿠팡에서 배송기사로 일하고 있다고 했다. 늦게까지 일을 해서 큰어머니가 걱정이 많은 것 같다는 말도 하셨다. 배송기사가 과로사로 숨겼다는 뉴스를 몇 번 봐서 그런지 조금 걱정이 됐다. 그래서 어제 저녁에 건강 유의하면서 일하라고 카톡을 보냈는데 아직까지 답이 없다. 내일 전화라도 한번 해봐야겠다.

종우와는 내일모레 보기로 했다. 녀석도 다음 주부터 쿠팡 일을 시작할 예정인데 그 전에 같이 저녁이라도 먹자고 해서. 한 달 정도 쉴 거라고 하더니 독서모임에 대한 나의 달라진 발언 때문에 생각이 바뀌었나보다. 괜한 말을 해서 녀석이 얼마 쉬지도 않고 다시 일을 시작하는 것 같아 미안하다. 만나면 무리하지 말고 운전 조심하고 건강 잘 챙기면서 일하라고 말해줘야겠다.

그녀와는 금요일 저녁에 줌으로 만나기로 했다. 직접 만나고 싶은데 그녀가 지금은 그러지 않는 게 좋을 것 같다고 해서 어쩔 수 없이 또 줌을 이용하는 거다. 독서모임에서 읽었던 소설처럼 나는 간청하고 그녀는 달래는 형국이다. 물론 소설과 완전히 같은 건 아니지만 말이다. 실은 소설과는 정반대라고 할 수 있다. 어제도 우리는 거리두기가 완화되면 같이 가볼 맛집과 카페에 대한 얘기를 나눴으니까. 그건 꽤나 즐거운 대화였다. 그러나 안다. 이 행복한 알콩달콩도 조만간 끝나리라는 것을. 그래도 계속해서 노력해볼 생각이다. 제대로 사랑할 수 있도록 말이다.

이제 2020년도 며칠 남지 않았다. 2021년에도 코로나19는 계속될 것이다. 고통도 계속될 거고. 그렇지만 백신 접종이 시작되고 치료제도 나오면 상황은 나아질 것이다. 언제가 될지는 알 수 없지만 코로나19도 더 이상 지금과 같은 위협적인 바이러스가 아닌 날이 올 거고. 하지만 코로나19가 사라져도 우리의 불안과 불만과 고통은 계속될 것이다. 코로나19 이전의 우리 삶이 행복과 기쁨으로 가득했던 건 아니었듯 말이다. 그럼에도 우리는 계속해서 살아야한다. 인생이 우리에게 허락한 것들과 허락한 사람들을 사랑하면서.

너무도 변덕스런 우리의 기질이 끊임없이 그것의 불가능함을 일깨울지라도, 그럴지라도 우리는 사랑하고 사랑하기 위해서 노력해야 할 것이다. 그런 노력이 어떤 결과를 가져다줄지는 시도해본 사람만 알게 될 것이다. 계속해서 포기하지 않고 시도해본 사람만.

너나할 것 없이 힘겨웠던 2020년을 보낸 모든 이들에게, 다가오는 새해는 부디 더 행복한 시간이 되었으면 좋겠다. 나와 그녀에게는 더더욱 그렇게 되기를! 그래서 먼 훗날 누군가 우리에게 묻는다면, 우리는 코로나 시대에 사랑을 했고 그 사랑은 특별했다고 말할 수 있기를. 꼭 그럴 수 있기를 간절히 바란다.

Love in the time of Covid

사랑으로 다시 쓰는 비대면 세계

바이러스, 마스크, 거리두기, 확진,
사망, 백신, 기저질환, 변이…
팬데믹 세상의 언어에 '사랑'을 더하다.

- 최지현 문학평론가

/. 코로나 시대

뉴욕타임즈 칼럼니스트 토마스 프리드먼의 표현이 곳곳에서 인용되고 있다. "세계사는 B.C.(Before Corona)와 A.C.(After Corona)로 나뉜다." 프리드먼은 비대면untact이라는 사회적 소통 양식의 확산에 따른 새로운 트렌드로 위기와 기회의 기하급수적 확대, 공공 규율의 강화 등을 예고하면서도 '무지에 대한 무지'를 전제한다. 코로나 시대에 관하여 누구도 정확히 알지 못한다. 좀 더 솔직하게 말해서, 우리는 스스로 무엇을 모르는지조차 모른다(unknown unknowns). 확실한 것이 있다면 '비대면'이 시작되었다는 자체, 누구도 예외 없이 얼굴을 가리지 않고서는 제 집 현관문을 열 수 없게 되었다는 그것이다.

그러므로 시대성은 사회, 경제, 문화, 정치, 기술의 영역에서보다도 일상의 '동선' 위에서 더욱 선명하다. 모두가 타인의 옷깃들과 호흡들 사이로 조마조마하게 난 '동선'을 밟아나가는 동안, 과거에 '만남'이었던 것들이 하나 둘 '접촉'으로 변해갔다. 우리는 사라진 만남에 대한 그리움 속에서 가차 없이 과거를 먹어치우고 있는 새 시대를 본다.

코로나 시대를 살아가는 사람들(이하 '코대인')은 만남을 혐오하고 기피하면서도 갈망하고 그리워한다. 특히 새로운 만남에 대해서 더더욱 그러하다. 만남의 대상은 점점 줄어들어 '무의식의 검역'을 마친 타인, 곧 '가까운 지인'으로 한정되기에 이르렀다. 코대인에게 모르는 사람은 감염원과 동의어이며 의혹과 경계의 대상이다. 마치 어느 외로운 급진 페미니스트가 소개팅 자리에서 마주한 남자처럼 말이다. 그녀는 내내 자문한다.

'한남 바이러스 양성일까, 음성일까?'

촉촉한 교정에서조차 새 학년의 설렘을 싹틔우지 못할 정도로, 새로운 만남의 기근이 지속되고 있다.

코로나 시대에 대해서 말하려면 무엇보다 만남을 말해야 한다. 특히 젊은 남녀의 사랑은 대개 '새로운 만남'을 통해 이루어진다는 점에서, 이 시대가 떠안고 씨름해야 할 가장 중요한 주제를 함축한다고 하겠다. 『코로나 시대의 사랑』은 '기피-갈망'으로 요약되는 만남에 대한 코대인들의 양가 감정을 충돌시키고 증폭시켜서 선명하게 드러내주는 시대성의 배양 접시다.

2. "무슨무슨" 마스크주의자들

소설은 상반된 두 인물을 통해 시대성을 조명한다. 극중 화자이자 주인공인 준오가 저항과 도전을 통해 시대를 보여준다면, 준오가 흠모하는 여성인 민아는 적응을 통해서 보여준다.

준오는 시대의 준엄한 명령에도 끝없이 만남을 추구한다. 독서모임에 찾아가고 여성 참가자들에게 연락하고 당돌하게 만남을 요청한다. 이 여자와 잘 안 되면 다른 여자에게, 그래도 안 되면 삼성이나 대한항공을 향해 구애한다. 그는 희망의 화신이다. 하던 일을 그만두고 수중의 얼마 안 되는 돈, 거기서 또 푼돈을 떼어서 주식 계좌에 걸어놓고 날마다 작은 승리를 기대한다. 매번 좌절하면서도 끈질기게 희망을 다잡던 그는, 경이적인 낙폭 앞에서 주저앉은 뒤로도 계속해서 (아버지의 코로나 검사 결과를 기다리는 그 순간에도) 증권가 뉴스를 곁눈질한다.

민아는 안전한 대인거리를 유지하기 위해 최선을 다한다. 그녀는 자신에게 불쑥 다가온 준오의 면전에서 비혼주의라는 마스크를 착용하고 페미니즘으로 그를 소독하려 한다. '가장 가까운 대인 거리(결혼)'에 대한 근본적 반대를 내포하는 그녀의 비혼주의는 '사회적 거리두기'라는 시대적 요구와 묘하게 공명한다.

두 인물의 대비는 극중 가상 서적 『코로나 시대의 사랑』에 대한 각자의 견해에서 요약적으로 드러난다. 준오는 거리두기를 넘어선 사랑을 추구하는 남자 주인공 편에, 민아는 거리두기를 엄수하는 여자 주인공 편에 선다.

그런데 시대성의 물줄기는 취준생, 주식 개미로 대표되는 기성사회의 주류보다도, 비혼주의 페미니스트라는 지류 쪽으로 더 많이 흘러들어간다. 소설은 민아가 비혼주의에 어디까지 투신하고자 하는지 명확히 보여주지 않는다. 그 대신 준오의 입을 통하여 이렇게 질문한다.

'과연 진정한 것인가? "무슨무슨 주의" 하는 것이 정말 그 자신의 생각이 맞는가?'

진실은 역설적이다. 마스크는 회피가 아닌 접근을 위한 도구인 것이다. 민아가 비혼주의의 마스크를 착용한 것은 준오를 만나러가기 위해서였다. 그녀의 공격적인 태도에는 준오의 혈관에 흐르고 있을지 모를 '폭력'이라는 병원균이 끔찍한 연애 경험, 가족의 이혼 등 아직 여물지 않은 자신의 상처에 닿지 않게 하려는, 그렇게 해서라도 그의 접근에 응해보려는 힘겨운 의지가 묻어난다. 준오가 그녀의 공격성에서 매력을 느낀 것은 어쩌면 이면의 갈망을 무의식적으로 감지했기 때문이다. 민아의 내면은 만남을 갈망하면서도 바로 그 갈망 때문에 더욱 만남을 혐오하고 기피하게 된다는 점에서, 준오의 그것보다 더 시대적이다.

이 소설은 사회적 거리두기를 삶 속에서 체현한 코대인의 전형 민아를 향한, '사회적 거리두기와의 거리두기'에 도전하는 준오의 뻔뻔하고 끈질긴 다가가기다. 작가는 민아로 대표되는 이 시대를 향해 준오의 입을 빌려 말 건다.

"주말에 어때요?"
"목요일 저녁에는요?"
"금요일 저녁은?"

3. "평범한 일상의 소중함"

소설은 시대의 출구가 결국 용기 있고 끈질긴 소통과 관심이라고 말한다. 민아의 철벽 방어 앞에 주저앉기도 했지만, 준오의 도전은 결국에는 그녀의 행보를 거리 둠에서 다가감으로 바꾸어 놓는다. 그의 끈질긴 시도가 (그 동기와 무관하게) 시대의 치료제로 작용하는 것이다.

얼핏 뻔한 얘기 같지만 결코 뻔하지가 않다. 코대인들은 이

진실을 눈으로 보지 않고 머릿속에만 담아둔 뒤에 곧잘 잊어버리기 때문이다. 그들의 눈은 여기 이곳의 진실보다는, 주로 코로나 이전, 그리고 이후에 붙어있다.

코로나 시대의 대중 철학은 "평범한 일상의 소중함"으로 요약된다. 철학자뿐만 아니라, 그야말로 모두가 그 개념을 때로는 입에서 입으로 전하고, 때로는 감상한다. 문제는 그 개념의 의미가 언제나 과거와 미래를 암시함으로써 암울한 현재를 재조명하고 회한과 탄식을 이끌어내는 지점에서 소진된다는 점이다. 준오는 그 지점을 넘어서려고 시도하는 인물이다. 평범한 것들이 소중하다면, 한탄만 하지 말고 손에 쥐어야 할 게 아닌가? 희망적인 것은 과거나 미래가 아니라 지금, 여기에 있으니. 그가 보여준 일련의 선택들은 결국 이것을 말하고 있다.

준오의 도전은 코대인의 독방생활에 파장을 일으킨다. 소설이 묘사하지는 않았지만, 준오에게서 연락이 오지 않는 시간 동안 민아의 심경이 변화된 경위를 어렴풋이 짐작해볼 수 있다. '줌 수업'에 적응한 여느 대학생처럼 그녀도 주로 독방생활을 했을 것이다. 모르는 남자와 꽤나 깊고 진솔한 대화를 나누었던, 마치 일시적으로 코로나의 족쇄에서 벗어나 평범한 시절로 돌아간 것 같았던 첫 날D-1을 지속적으로, 아마도 점점 낭만적으로 회고했을 것이다. 특히 가족의 이혼이나 콘돔 사용 따위의, 통상의 관계에서 언급하기 어려운 화두를 놓고 꽤나 편안하고 능청스럽게 떠들었던 기억이 그녀로 준오를 마음에 두고 생각하게 하는 요소로 작용했을 것이다. 이런 저런 연유로, 그녀는 준오에게 용기 내어 연락 하게 된다.

연락은 시대의 '치료제'를 은유한다. 준오의 도전적인 첫 연락과 민아의 때늦은 연락, 그리고 준오가 친구, 부모님, 사촌형과 주고받은 수많은 연락들을 통해, 희망적인 것이 현재화되고 이 척박한 비대면 세계에서도 사랑이 싹트고 자라나게 된다.

4. 비극에 맞서는 일회일비의 덕

변화를 주도하는 힘은 성인군자의 덕성 같은 영웅적인 것이 아니다. 넷플릭스 드라마 『오징어게임』을 연출한 황동혁 감독은 작품의 주된 인기 요인으로 '영웅 없음'을 꼽았다. 코로나 시대는 영웅을 필요로 하지 않는다. 영웅은 흔히 드높은 도덕성과 불굴의 의지, 남다른 능력을 무기삼아 나쁜 놈이나 나쁜 세력을 물리치는 존재를 뜻한다. 그런데 이 시대의 주인은 어떤 '놈'이나 어떤 '세력'이 아니다. 보이지도 않는 바이러스다. 코대인들은 오로지 '확진자수'로만 암시되는 그것의 무자비하고 무차별적이며 도무지 종잡을 수 없는 횡포에 시달리다 지쳐서 집단 무기력증에 빠졌다. 무기력한 대중 사이에서는 영웅도 무기력해진다. 변화의 힘은 오히려 작은 것에 집착하는 소인배적 기질로부터 나온다.

준오의 주식생활은 '확진자수'를 둘러싼 코대적 집단행동과 여러 면에서 공명한다. 주로 골방에서 전개되며, 수치화된 외부 요인의 변화에 따라 상상적으로 일희일비하는 하루하루가 오랫동안 이어진다. 종종 예측하지 못한 요인에 의해 하루아침에 나락에 떨어지기도 한다. 그런데 준오의 투자 행동에는 코대인의 방역 생활에서 흔히 보기 어려운 구석이 하나 있다. '일희일비 하기'를 결코 포기하지 않는다는 것이다. 그가 날마다 포기하는 것이라고는 포기하겠다는 어제의 다짐뿐이다.

　불굴의 '단타'는 그 나름의 시대 탈출 전략이다. 실로 시민들 중 이제까지 지치지 않고 '확진자수'의 횡포를 직면하여 견뎌내는 이들은 쉬지 않고 '숫자'를 주시하며 그 의미를 추적해온 방역 관계자들뿐이리라. 나머지 대다수는 진작 숫자로부터 눈을 돌린 상태다. 말하자면 준오는 확진자수를 바라보는 질병청관계자의 눈으로 주가를 주시한다. 그래서 준오는 대박을 믿지도 않고 꿈꾸지도 않는다. 미래의 복락이 아닌 오늘 이 시간 두 눈으로 볼 수 있는 작은 이익만을 쫓는다. 그렇다고 그가 욕심 없는 현자인 것은 아니다. 수틀릴 때마다 자동으로 튀어나오는 '젠장'과 '빌어먹을'이 증명하는 바, 그는 다만 욕망의 대상을 코앞의 것으로 한정하는 일관된 기질을 가지고 있을 뿐이다. 이 기질이 만남의 영역에서도 뚜렷하게 드러난다. 그의 연애 전략과 전술에는 로맨스라는 것이 들어있지 않다. 그는 '천생'연분과 함께 누릴 장밋빛 '미래'를 쫓아 연애 전선에 뛰어들지 않는다. 여자를 만나기 위해 독서 모임에 나가는 것이 그의 전략이고, 여럿 중 좀 더 마음에 드는 두 명을, 둘 중 좀 더 마음에 드는 한 명을 만나는 것이 그의 전술이다.

준오는 보이지 않는 것들-너무 작은 것이든 너무 큰 것이든-과의 쉐도우 복싱을 일찌감치 단념했다. 당장 모니터에 뜨는 숫자와 핸드폰에서 들려오는 음성 따위에만 반응하는 그의 근시안은 뜻밖의 저항력으로서 시대의 흐름을 드러낸다. 코로나 시대의 무수한 눈들은 그의 것과 반대로 근경을 눈물로 지워내면서 가닿지 못할 원경으로 힘없이 날고 있는 것이다.

코로나 시대는 그 자체로 하나의 비극처럼 보인다. 전시나 대공황 같은 비극**적** 시대가 아니라 비극 **인**시대. 인류를 펜 삼아 스스로를 써나가는 비극이다. 이 시대는 대규모의 적이나 경제적 거품에 의해서 시작되지 않았다. 위험한 어떤 것이 갑자기 생겨났다는 외에는 이 시대의 시작에 관하여 알려진 것이 거의 없다. 코로나는 운명처럼 불쑥 찾아왔고 사람들을 고요한 집에 강제로 몰아넣었다. 그리고 그들로 원하든 원치 않든, 과거-현재-미래를 연결 짓는 서사적 사고를 하도록 몰아붙였다. 준오는 범상치 않게 지적이고 사색적인 인물인데, 이 시대의 맥락에서는 낯설지가 않다. 지금은 모두가 그처럼 사색적이기 쉬운 환경에 처해있다.

코대인들이 써나가는 이야기는 어둠으로 가득하고, 그들

이 꾸는 꿈은 늘 이야기 너머에 있다. 긴 터널의 한복판에서 되돌아보는 "평범한 일상"은 터널이 끝난 뒤에도 마주하지 못할 테니까. 애당초 평범함이란 그런 것이 아니었다. 먼 데 있는 무엇이 아닌 지금, 여기에 있는 것, 그것이 그 단어의 불길한 정의定義다. 이 시대의 주인공들은 여느 비극의 주인공들처럼 보이지 않는 것을 피해서 존재하지 않는 것을 따라가다 제자리로 돌아오기를 끝없이 반복하고 있다. 바라는 바가 너무도 아름답고 멀리 있기에, 그것을 얻기 위해 어떤 대가를 지불해야 하는지도 알지 못한다. 그래서 희망을 말하더라도 다들 우울한 회한의 눈으로 기대감 없이 말하며, 그토록 찾던 "평범한"것에 이따금 발 뿌리가 채여 멈춰서더라도 그게 무엇인지 알아보지 못한 채 터벅터벅 가던 길을 간다.

동시대의 주인공들에게 소설의 주인공 준오는 이렇게 제안한다. 사랑하는 사람이 있는가? 머나먼 언젠가를 기다릴 생각 말고, 오늘 내일 중으로 폰을 들어라. 사고 싶은 주식이 있는가? 노후준비는 천천히들 하시고 지금은 죽어가는 오늘에 생기를 불어넣어줄 단타에 힘써라. 그렇게 하루하루 견디다 보면, 어느 날 여전히 살아 숨 쉬는 우리의 생명, 그리고 너와 나의 사랑에 대한 모든 "대가가 이미 지불되었"음을 보게 될 것이다.

ⱹ. 코로나시대의 '해피엔딩'

   어떻게 준오는 남들과 비슷한 듯 다른 길을 갈 수 있었을까?

   예술가의 페르소나이기 때문일 것이다. 예술은 인습적 사고에 대한 저항의 산물이며, 그렇기에 우울한 시대에는 희망적인 것의 본질을 더욱 탐구한다. 비극 예술이 희망사고 뒤에 감추어진 실존적 문제를 대면하도록 해준다면, 좋은 희극 예술은 오늘처럼 '절망사고'에 젖은 시대가 보지 못하는 희망적 진실을 조명해준다.

   류광호 작가의 전작들은 비극에 가깝다. 관棺과 같은 고시원에서 푼돈으로 연명하던 『창문 없는 방』의 주인공 무신은 자살로 짧은 일기를 마감한다. '코대'가 오기 전의 일이었다. 그럭저럭 잘 돌아가던 세상에서 작가는 눈에 띄지 않는 어두침침한 귀퉁이로 힘겹게 다가갔다. 그 힘겨움은 무신을 지켜보던 그의 친구 명우의 안타까운 눈에서 새어나왔다.

   세상 전체가 하나의 관이 되어 사람들에게 비극을 쓰라고 강요하자, 작가는 자신의 틀까지 스스로 깨고 무신을 대신하여 명우를 소환했다. 준오는 명우의 환생처럼 보인다. 다만, 그는 자신이 구원하지 못했던 불우한 친구 무신의 생존공간에 좀 더 다가간 곳에서 환생했다. 그곳에서 무신이 보지 못했던, 그리고 동시대인들 대다수가 보지 못하고 있는 한 줌 희망을 손에 쥐고 흔들고 있다.

작가의 말

작가의 말을 쓰는 것은 생각보다 어렵다.

그래서 출판사에서 애써 요청하지 않으면

쓰지 않고 넘어가곤 했다.

이번에는 요청을 받았다.

뭐라고 쓸까 고민하다 독자에 대한 감사를

표명하는 기회로 삼기로 했다.

소설이란 예술은 독자가 있을 때 완성된다.

독자의 머릿속에서 활자는 특정한 얼굴과 성격을 지닌

인물로 살아난다. 같은 소설을 읽은 독자라도

그들은 각기 자기만의 인물을 창조한다.

그런 의미에서 당신은 이 소설의 공동 창작자이다.

소설이 완성될 수 있도록 읽어주신

모든 분들께 감사드린다.

2022년 여름

류광호

코로나 시대의 사랑

초판 1쇄
2022년 9월 1일 펴냄

지은이
류광호

표지 사진
이시온

북디자인
이정민 D_CLAY

인쇄
일리디자인

펴낸곳
도서출판 훈훈
경기도 고양시 덕양구 소원로 267
인스타그램 @hunhun_hunhun

ISBN 979-11-979166-1-8 (03810)

※ 이 책은 저작권법에 의해 보호를 받는 저작물이므로,
서면을 통한 출판권자의 허락 없이 내용의 전부 혹은 일부를 사용할 수 없습니다.